Köstliche Indische Köstlichkeiten

Authentische Aromen aus Indien zum Genießen

Rajan Sharma

Inhaltsverzeichnis

Kele ki Bhaji 17
    Zutaten 17
    Methode 18
Kokos-Kathal 19
    Zutaten 19
    Zum Würzen: 19
    Methode 20
Würzige Yamswurzelscheiben 21
    Zutaten 21
    Methode 22
Yam Masala 23
    Zutaten 23
    Methode 23
Rüben-Masala 25
    Zutaten 25
    Methode 26
Masala-Bohnensprossen 27
    Zutaten 27
    Methode 28
Mirch Masala 29
    Zutaten 29
    Methode 30
Tomaten-Kadhi 31

Zutaten	31
Methode	32

Gemüse-Kolhapuri 33
Zutaten	33
Methode	34

Undhiyu 35
Zutaten	35
Für die Muthias:	36
Methode	36

Bananen-Kofta-Curry 37
Zutaten	37
Für das Curry:	37
Methode	38

Bitterer Kürbis mit Zwiebeln 39
Zutaten	39
Methode	40

Sukha Khatta Chana 41
Zutaten	41
Methode	42

Karela Bharwan 43
Zutaten	43
Für die Füllung:	43
Methode	44

Kofta-Kohl-Curry 45
Zutaten	45
Für die Soße:	45
Methode	46

Ananas-Gojju	47
Zutaten	47
Für die Gewürzmischung:	47
Methode	48
Gojju bitterer Kürbis	49
Zutaten	49
Methode	50
Baingan Mirchi ka Salan	51
Zutaten	51
Methode	52
Huhn mit Gemüse	54
Zutaten	54
Methode	54
Für die Marinade:	55
Chicken Tikka Masala	56
Zutaten	56
Methode	57
Würzig gefülltes Hähnchen in reichhaltiger Sauce	58
Zutaten	58
Methode	59
Würziges Hühnchen-Masala	61
Zutaten	61
Methode	62
Kaschmirhuhn	63
Zutaten	63
Methode	64
Rum und Hühnchen	65

- Zutaten 65
  - Methode 66
- Shah Jahani Huhn 67
  - Zutaten 67
  - Methode 68
- Osterhuhn 69
  - Zutaten 69
  - Methode 70
- Scharfe Ente mit Kartoffeln 71
  - Zutaten 71
  - Methode 72
- Entenmoile 73
  - Zutaten 73
  - Methode 74
- Bharwa Murgh Kaju 75
  - Zutaten 75
  - Methode 76
- Hühnchen-Joghurt-Masala 78
  - Zutaten 78
  - Methode 79
- Hühnchen-Dhansak 81
  - Zutaten 81
  - Methode 82
- Chatpata-Huhn 84
  - Zutaten 84
  - Für die Marinade: 85
  - Methode 85

- Enten-Masala in Kokosmilch 87
  - Zutaten 87
  - Für die Gewürzmischung: 87
  - Methode 88
- Dil-Bahar-Huhn 89
  - Zutaten 89
  - Methode 90
- Dum ka Murgh 92
  - Zutaten 92
  - Methode 93
- Murgh Kheema Masala 94
  - Zutaten 94
  - Methode 95
- Gefülltes Hühnchen-Nawabi 96
  - Zutaten 96
  - Für die Füllung: 96
  - Methode 97
- Murgh ke Nazaré 98
  - Zutaten 98
  - Für die Soße: 99
  - Methode 100
- Murgh Pasanda 101
  - Zutaten 101
  - Methode 102
- Murgh Masala 103
  - Zutaten 103
  - Für die Gewürzmischung: 103

- Methode 104
- Cremiges Bohri-Huhn 105
  - Zutaten 105
  - Methode 106
- Jhatpat Murgh 107
  - Zutaten 107
  - Methode 107
- Grünes Curryhuhn 108
  - Zutaten 108
  - Methode 109
- Murgh Bharta 110
  - Zutaten 110
  - Methode 110
- Huhn mit Ajowan-Samen 112
  - Zutaten 112
  - Methode 113
- Spinat-Hühnchen-Tikka 114
  - Zutaten 114
  - Für die Marinade: 114
  - Methode 114
- Yakhni-Huhn 116
  - Zutaten 116
  - Methode 117
- scharfes Hühnchen 118
  - Zutaten 118
  - Methode 118
- Pfefferhuhn 120

Zutaten 120

Methode 120

Huhn mit Feigen 122

Zutaten 122

Methode 122

Würziges Lammfleisch in Joghurt und Safran 123

Zutaten 123

Methode 124

Lamm mit Gemüse 126

Zutaten 126

Methode 127

Rindfleischcurry mit Kartoffeln 129

Zutaten 129

Methode 130

Würziges Lamm-Masala 131

Zutaten 131

Methode 132

Rogan Josh 133

Zutaten 133

Methode 134

Gegrillte Schweinerippchen 135

Zutaten 135

Methode 135

Rindfleisch mit Kokosmilch 137

für 4 Personen 137

Zutaten 137

Methode 138

Schweinefleischspieß 139
- Zutaten 139
- Methode 139

Rindfleisch-Chili-Frites 140
- Zutaten 140
- Methode 141

Scotch-Eier vom Rind 142
- Zutaten 142
- Methode 142

Getrocknetes Rindfleisch nach Malabar-Art 143
- Zutaten 143
- Für die Gewürzmischung: 143
- Methode 144

Moghlai-Lammkoteletts 145
- Zutaten 145
- Methode 145

Rindfleisch mit Okra 146
- Zutaten 146
- Methode 147

Rindfleisch 148
- Zutaten 148
- Methode 149

Gott Badami 150
- Zutaten 150
- Methode 151

Indisches Bratenfleisch 152
- Zutaten 152

Methode	153
Khatta Pudina-Koteletts	154
Zutaten	154
Methode	155
Indisches Rindersteak	156
Zutaten	156
Methode	156
Lammfleisch in grüner Soße	157
Zutaten	157
Methode	158
Einfaches Lammhackfleisch	159
Zutaten	159
Methode	159
Schweinefleisch-Sorpotel	160
Zutaten	160
Methode	161
Eingelegtes Lamm	162
Zutaten	162
Methode	162
Halem	163
Zutaten	163
Methode	164
Grüne Masala-Lammkoteletts	165
Zutaten	165
Methode	166
Lammleber mit Bockshornklee	167
Zutaten	167

Methode	167
Hussaini-Rindfleisch	**169**
Zutaten	169
Für die Gewürzmischung:	169
Methode	170
Lamm-Methi	**171**
Zutaten	171
Methode	172
Rindfleisch	**173**
Zutaten	173
Für die Gewürzmischung:	173
Methode	174
Lammauflauf	**175**
Zutaten	175
Methode	175
Lamm mit Kardamom	**176**
Zutaten	176
Methode	177
Kheema	**178**
Zutaten	178
Methode	178
Würziges Schweinebraten	**179**
Zutaten	179
Für die Gewürzmischung:	179
Methode	180
Raan Tandoori	**181**
Zutaten	181

  Methode 182

Talaa-Lamm 183

  Zutaten 183

  Für die Gewürzmischung: 183

  Methode 184

gedünstete Zunge 185

  Zutaten 185

  Methode 186

Gebratene Lammbrötchen 187

  Zutaten 187

  Methode 188

Leber-Masala-Braten 189

  Zutaten 189

  Methode 190

Würzige Rinderzunge 191

  Zutaten 191

  Methode 192

Lamm-Pasanda 193

  Zutaten 193

  Methode 193

Lamm-Apfel-Curry 194

  Zutaten 194

  Methode 195

Trockenes Lamm nach Andhra-Art 196

  Zutaten 196

  Methode 196

einfaches Rindfleisch-Curry 198

Zutaten	198
Methode	198

Meine Güte Korma 199
Zutaten	199
Methode	200

Erachi-Koteletts 201
Zutaten	201
Methode	202

Gebackenes Hackfleisch 203
Zutaten	203
Methode	203

Kaleji Do Pyaaza 204
Zutaten	204
Methode	205

Lamm mit Knochen 206
Zutaten	206
Methode	207

Rinder-Vindaloo 208
Zutaten	208
Methode	209

Sauerbraten 210
Zutaten	210
Methode	211

Lamm mit Kürbis 212
Zutaten	212
Methode	213

Gushtaba 214

Zutaten	214
Methode	215

Lammfleisch mit gemischtem Gemüse und Kräutern 216
    Zutaten 216
    Methode 217

Zitronenlamm 218
    Zutaten 218
    Methode 219

Lamm-Pasanda mit Mandeln 220
    Zutaten 220
    Methode 221

Mit Chili gebratene Schweinswurst 222
    Zutaten 222
    Methode 223

Shah Jahan Lamm 224
    Zutaten 224
    Für die Gewürzmischung: 224
    Methode 225

Kele ki Bhaji

(Unreifes Bananencurry)

für 4 Personen

Zutaten

6 grüne Bananen, geschält und in 2,5 cm dicke Stücke geschnitten

Salz nach Geschmack

3 Esslöffel raffiniertes Pflanzenöl

1 große Zwiebel, in dünne Scheiben geschnitten

2 Knoblauchzehen, zerdrückt

2-3 grüne Chilis, der Länge nach geschnitten

1 cm Ingwerwurzel

1 Teelöffel Kurkuma

½ Teelöffel Kreuzkümmelsamen

½ frische Kokosnuss, gerieben

Methode

- Die Bananen eine Stunde lang in kaltem Wasser und Salz einweichen. Abgießen und aufbewahren.

- Das Öl in einem Topf erhitzen. Zwiebel, Knoblauch, grüne Chilis und Ingwer hinzufügen. Bei mittlerer Hitze anbraten, bis die Zwiebel goldbraun wird.

- Fügen Sie die Bananen und Kurkuma, Kreuzkümmel und Salz hinzu. Gut mischen. Mit einem Deckel abdecken und 5-6 Minuten köcheln lassen.

- Die Kokosnuss dazugeben, leicht umrühren und 2-3 Minuten kochen lassen. Heiß servieren.

Kokos-Kathal

(Grüne Jackfrucht mit Kokosnuss)

für 4 Personen

Zutaten

500 g / 1 Pfund 2 Unzen grüne Jackfrucht*, geschält und gehackt

500 ml/16 Flüssigunzen Wasser

Salz nach Geschmack

100 ml Senföl

2 Lorbeerblätter

1 Teelöffel Kreuzkümmelsamen

1 Teelöffel Ingwerpaste

250 ml Kokosmilch

Zucker nach Belieben

Zum Würzen:

75 g Butter

1 cm Zimt

4 grüne Kardamomkapseln

1 Teelöffel Chilipulver

2 grüne Chilischoten, der Länge nach geschnitten

Methode

- Die Jackfruchtstücke mit Wasser und Salz vermischen. Diese Mischung in einem Topf bei mittlerer Hitze 30 Minuten kochen. Abgießen und aufbewahren.

- Senföl in einem Topf erhitzen. Lorbeerblätter und Kreuzkümmel hinzufügen. Lassen Sie sie 15 Sekunden lang brutzeln.

- Jackfrucht-Ingwer-Paste, Kokosmilch und Zucker hinzufügen. Unter ständigem Rühren 3-4 Minuten kochen lassen. Beiseite legen.

- Das Ghee in einer Pfanne erhitzen. Gewürzzutaten hinzufügen. 30 Sekunden braten.

- Gießen Sie diese Mischung über die Jackfruchtmischung. Heiß servieren.

Würzige Yamswurzelscheiben

für 4 Personen

Zutaten

500 g Yamswurzel

1 mittelgroße Zwiebel

1 Teelöffel Ingwerpaste

1 Teelöffel Knoblauchpaste

1 Teelöffel Chilipulver

1 Teelöffel gemahlener Koriander

4 Nägel

1 cm Zimt

4 grüne Kardamomkapseln

½ Teelöffel Pfeffer

50 g Korianderblätter

50 g Minzblätter

Salz nach Geschmack

Raffiniertes Pflanzenöl zum Braten

Methode

- Schälen Sie die Yamswurzeln und schneiden Sie sie in 1 cm dicke Scheiben. 5 Minuten dämpfen. Beiseite legen.

- Die restlichen Zutaten außer dem Öl vermahlen, bis eine glatte Paste entsteht.

- Tragen Sie die Paste auf beide Seiten der Yamswurzelscheiben auf.

- Das Öl in einer beschichteten Pfanne erhitzen. Fügen Sie die Yamswurzelscheiben hinzu. Auf beiden Seiten knusprig braten, dabei etwas Öl an den Rändern hinzufügen. Heiß servieren.

Yam Masala

für 4 Personen

Zutaten

400 g Yamswurzel, geschält und gewürfelt

750 ml/1¼ Pints Wasser

Salz nach Geschmack

3 Esslöffel raffiniertes Pflanzenöl

¼ Senfkörner

2 ganze rote Chilischoten, grob gehackt

¼ Teelöffel Kurkuma

¼ Teelöffel gemahlener Kreuzkümmel

1 Teelöffel gemahlener Koriander

3 Esslöffel Erdnüsse, grob zerstoßen

Methode

- Die Yamswurzel mit Wasser und Salz in einem Topf 30 Minuten kochen. Abgießen und aufbewahren.

- Das Öl in einem Topf erhitzen. Senfkörner und rote Chilis hinzufügen. Lassen Sie sie 15 Sekunden lang brutzeln.

- Die restlichen Zutaten und die gekochte Yamswurzel hinzufügen. Gut mischen. 7-8 Minuten köcheln lassen. Heiß servieren

Rüben-Masala

für 4 Personen

Zutaten

2 Esslöffel raffiniertes Pflanzenöl

3 kleine Zwiebeln, fein gehackt

½ Teelöffel Ingwerpaste

½ Teelöffel Knoblauchpaste

3 grüne Chilischoten, der Länge nach geschnitten

3 Rote Bete, geschält und gehackt

¼ Teelöffel Kurkuma

1 Teelöffel gemahlener Koriander

¼ Teelöffel Garam Masala

Salz nach Geschmack

125 g Tomatenpüree

1 Esslöffel Korianderblätter, gehackt

Methode

- Das Öl in einem Topf erhitzen. Fügen Sie die Zwiebeln hinzu. Bei mittlerer Hitze braten, bis sie glasig werden.

- Ingwerpaste, Knoblauchpaste und grüne Chilis hinzufügen. Bei schwacher Hitze 2-3 Minuten anbraten.

- Fügen Sie die Rüben, Kurkuma, gemahlenen Koriander, Garam Masala, Salz und Tomatenpüree hinzu. Gut mischen. 7-8 Minuten kochen lassen. Mit Korianderblättern garnieren. Heiß servieren.

Masala-Bohnensprossen

für 4 Personen

Zutaten

2 Esslöffel raffiniertes Pflanzenöl

3 kleine Zwiebeln, fein gehackt

4 grüne Chilischoten, fein gehackt

1 cm Ingwerwurzel, julieniert

8 Knoblauchzehen, zerdrückt

¼ Teelöffel Kurkuma

1 Teelöffel gemahlener Koriander

2 Tomaten, fein gehackt

200 g gekeimte Mungobohnen, gedünstet

Salz nach Geschmack

1 Esslöffel Korianderblätter, gehackt

Methode

- Das Öl in einem Topf erhitzen. Zwiebeln, grüne Chilis, Ingwer und Knoblauch hinzufügen. Die Mischung bei mittlerer Hitze anbraten, bis die Zwiebeln goldbraun sind.

- Die restlichen Zutaten außer den Korianderblättern hinzufügen. Gut mischen. Die Mischung bei schwacher Hitze 8–10 Minuten kochen lassen, dabei gelegentlich umrühren.

- Mit Korianderblättern garnieren. Heiß servieren.

Mirch Masala

(Scharfer grüner Pfeffer)

für 4 Personen

Zutaten

100 g Spinat, fein gehackt

10 g Bockshornkleeblätter, fein gehackt

25 g Korianderblätter, fein gehackt

3 grüne Chilischoten, der Länge nach geschnitten

60 ml/2 Flüssigunzen Wasser

3½ Esslöffel raffiniertes Pflanzenöl

2 Esslöffel Besan*

1 große Kartoffel, gekocht und püriert

¼ Teelöffel Kurkuma

2 Teelöffel gemahlener Koriander

½ Teelöffel Chilipulver

Salz nach Geschmack

8 kleine grüne Paprika, entkernt und entkernt

1 große Zwiebel, fein gehackt

2 Tomaten, fein gehackt

Methode

- Spinat, Bockshornklee, Korianderblätter und Chilis mit dem Wasser vermischen. Die Mischung 15 Minuten lang dämpfen. Lassen Sie die Mischung abtropfen und mahlen Sie sie, bis eine Paste entsteht.

- Die Hälfte des Öls in einem Topf erhitzen. Besan, Kartoffeln, Kurkuma, gemahlenen Koriander, Chilipulver, Salz und Spinatpaste hinzufügen. Gut mischen. Diese Mischung bei mittlerer Hitze 3-4 Minuten braten. Raus aus dem Feuer.

- Füllen Sie diese Mischung in die grünen Paprikaschoten.

- ½ Esslöffel Öl in einer Bratpfanne erhitzen. Die gefüllten Paprika hinzufügen. Bei mittlerer Hitze 7-8 Minuten braten, dabei gelegentlich wenden. Beiseite legen.

- Restliches Öl in einem Topf erhitzen. Fügen Sie die Zwiebel hinzu. Bei mittlerer Hitze braten, bis es goldbraun wird. Fügen Sie die Tomaten und die gebratenen gefüllten Paprika hinzu. Gut mischen. Mit einem Deckel abdecken und 4-5 Minuten köcheln lassen. Heiß servieren.

Tomaten-Kadhi

(Tomate in Gramm-Mehl-Sauce)

für 4 Personen

Zutaten

2 Esslöffel Besan*

120 ml Wasser

3 Esslöffel raffiniertes Pflanzenöl

½ Teelöffel Senfkörner

½ Teelöffel Bockshornkleesamen

½ Teelöffel Kreuzkümmelsamen

2 grüne Chilischoten, der Länge nach geschnitten

8 Curryblätter

1 Teelöffel Chilipulver

2 Teelöffel Zucker

150 g gefrorenes gemischtes Gemüse

Salz nach Geschmack

8 Tomaten, blanchiert und püriert

2 Esslöffel Korianderblätter, fein gehackt

Methode

- Mischen Sie das Besan mit dem Wasser, bis eine glatte Paste entsteht. Beiseite legen.

- Das Öl in einem Topf erhitzen. Senf, Bockshornklee- und Kreuzkümmelsamen, grüne Chilis, Curryblätter, Chilipulver und Zucker hinzufügen. Lassen Sie sie 30 Sekunden lang brutzeln.

- Gemüse und Salz hinzufügen. Die Mischung bei mittlerer Hitze eine Minute lang braten.

- Das Tomatenpüree hinzufügen. Gut mischen. Die Mischung bei schwacher Hitze 5 Minuten kochen lassen.

- Besanpaste hinzufügen. Weitere 3-4 Minuten kochen lassen.

- Den Kadhi mit Korianderblättern garnieren. Heiß servieren.

Gemüse-Kolhapuri

(Würziges gemischtes Gemüse)

für 4 Personen

Zutaten

200 g gemischtes Tiefkühlgemüse

125 g gefrorene Erbsen

500 ml/16 Flüssigunzen Wasser

2 rote Chilis

2,5 cm Ingwerwurzel

8 Knoblauchzehen

2 grüne Chilis

50 g Korianderblätter, fein gehackt

3 Esslöffel raffiniertes Pflanzenöl

3 kleine Zwiebeln, fein gehackt

3 Tomaten, fein gehackt

¼ Teelöffel Kurkuma

¼ Teelöffel gemahlener Koriander

Salz nach Geschmack

Methode

- Gemüse und Erbsen mit dem Wasser vermischen. Die Mischung in einem Topf bei mittlerer Hitze 10 Minuten kochen lassen. Beiseite legen.

- Mahlen Sie die roten Chilis, den Ingwer, den Knoblauch, die grünen Chilis und die Korianderblätter zu einer feinen Paste.

- Das Öl in einer Bratpfanne erhitzen. Fügen Sie die gemahlene rote Chili-Ingwer-Paste und die Zwiebeln hinzu. Die Mischung bei mittlerer Hitze 2 Minuten braten.

- Tomaten, Kurkuma, gemahlenen Koriander und Salz hinzufügen. Diese Mischung 2-3 Minuten lang braten, dabei gelegentlich umrühren.

- Das gekochte Gemüse hinzufügen. Gut mischen. Mit einem Deckel abdecken und die Mischung bei schwacher Hitze 5–6 Minuten kochen lassen, dabei regelmäßig umrühren.

- Heiß servieren.

Undhiyu

(Gujarati gemischtes Gemüse mit Knödeln)

für 4 Personen

Zutaten

2 große Kartoffeln, geschält

250 g Saubohnen in ihren Schoten

1 grüne Banane, geschält

20 g/¾ oz Yamswurzel, geschält

2 kleine Auberginen

60 g frische Kokosnuss, gerieben

8 Knoblauchzehen

2 grüne Chilis

2,5 cm Ingwerwurzel

100 g Korianderblätter, fein gehackt

Salz nach Geschmack

60 ml/2 fl oz raffiniertes Pflanzenöl plus Extra zum Braten

Eine Prise Asafoetida

½ Teelöffel Senfkörner

250 ml/8 Flüssigunzen Wasser

Für die Muthias:

60g/2oz Besan*

25 g/knapp 1 Unze frische Bockshornkleeblätter, fein gehackt

½ Teelöffel Ingwerpaste

2 grüne Chilischoten, fein gehackt

Methode

- Kartoffeln, Bohnen, Banane, Yamswurzel und Aubergine in Würfel schneiden. Beiseite legen.
- Kokosnuss, Knoblauch, grüne Chilis, Ingwer und Korianderblätter zu einer Paste vermahlen. Diese Paste mit dem gehackten Gemüse und Salz vermischen. Beiseite legen.
- Alle Muthia-Zutaten miteinander vermischen. Kneten Sie die Mischung, bis ein fester Teig entsteht. Den Teig in walnussgroße Kugeln teilen.
- Das Öl zum Braten in einer Bratpfanne erhitzen. Fügen Sie die Muthias hinzu. Bei mittlerer Hitze goldbraun braten. Abgießen und aufbewahren.
- Restliches Öl in einem Topf erhitzen. Asafoetida und Senfkörner hinzufügen. Lassen Sie sie 15 Sekunden lang brutzeln.
- Wasser, Muthias und Gemüsemischung hinzufügen. Gut mischen. Mit einem Deckel abdecken und 20 Minuten köcheln lassen, dabei regelmäßig umrühren. Heiß servieren.

Bananen-Kofta-Curry

für 4 Personen

Zutaten
Für die Köftas:

2 grüne Bananen, gekocht und geschält

2 große Kartoffeln, gekocht und geschält

3 grüne Chilischoten, fein gehackt

1 große Zwiebel, fein gehackt

1 Esslöffel Korianderblätter, fein gehackt

1 Esslöffel Besan*

½ Teelöffel Chilipulver

Salz nach Geschmack

Ghee zum Braten

Für das Curry:

75 g Butter

1 große Zwiebel, fein gehackt

10 Knoblauchzehen, zerdrückt

1 Esslöffel gemahlener Koriander

1 Teelöffel Garam Masala

2 Tomaten, fein gehackt

3 Curryblätter

Salz nach Geschmack

250 ml/8 Flüssigunzen Wasser

½ Esslöffel Korianderblätter, fein gehackt

Methode

- Bananen und Kartoffeln zusammen zerstampfen.
- Mit den restlichen Kofta-Zutaten außer Ghee vermischen. Diese Mischung kneten, bis ein fester Teig entsteht. Für die Koftas den Teig in walnussgroße Kugeln teilen.
- Ghee zum Braten in einer Pfanne erhitzen. Fügen Sie die Koftas hinzu. Bei mittlerer Hitze goldbraun braten. Abgießen und aufbewahren.
- Für das Curry das Ghee in einem Topf erhitzen. Zwiebel und Knoblauch hinzufügen. Bei mittlerer Hitze braten, bis die Zwiebel transparent wird. Den gemahlenen Koriander und Garam Masala hinzufügen. 2-3 Minuten braten.
- Tomaten, Curryblätter, Salz und Wasser hinzufügen. Gut mischen. Die Mischung 15 Minuten lang köcheln lassen, dabei gelegentlich umrühren.
- Fügen Sie die gebratenen Köftas hinzu. Mit einem Deckel abdecken und bei schwacher Hitze 2-3 Minuten weitergaren.
- Mit Korianderblättern garnieren. Heiß servieren.

Bitterer Kürbis mit Zwiebeln

für 4 Personen

Zutaten

500 g bittere Kürbisse*

Salz nach Geschmack

750 ml/1¼ Pints Wasser

4 Esslöffel raffiniertes Pflanzenöl

½ Teelöffel Kreuzkümmelsamen

½ Teelöffel Senfkörner

Eine Prise Asafoetida

½ Teelöffel Ingwerpaste

½ Teelöffel Knoblauchpaste

2 große Zwiebeln, fein gehackt

½ Teelöffel Kurkuma

1 Teelöffel Chilipulver

1 Teelöffel gemahlener Kreuzkümmel

1 Teelöffel gemahlener Koriander

1 Teelöffel Zucker

Saft von 1 Zitrone

1 Esslöffel Korianderblätter, fein gehackt

Methode

- Bittere Kürbisse schälen und in dünne Ringe schneiden. Entsorgen Sie die Samen.
- Mit Salz und Wasser in einem Topf bei mittlerer Hitze 5–7 Minuten kochen. Vom Herd nehmen, abgießen und das Wasser abgießen, beiseite stellen.
- Das Öl in einem Topf erhitzen. Kreuzkümmel und Senfkörner hinzufügen. Lassen Sie sie 15 Sekunden lang brutzeln.
- Asafoetida, Ingwerpaste und Knoblauchpaste hinzufügen. Die Mischung bei mittlerer Hitze eine Minute lang braten.
- Fügen Sie die Zwiebeln hinzu. Braten Sie sie 2-3 Minuten lang.
- Kurkuma, Chilipulver, gemahlenen Kreuzkümmel und gemahlenen Koriander hinzufügen. Gut mischen.

- Bitterer Kürbis, Zucker und Zitronensaft hinzufügen. Gut mischen. Mit einem Deckel abdecken und die Mischung bei schwacher Hitze 6–7 Minuten kochen lassen, dabei regelmäßig umrühren.
- Mit Korianderblättern garnieren. Heiß servieren.

Sukha Khatta Chana

(Getrocknete saure Kichererbsen)

für 4 Personen

Zutaten

4 schwarze Pfefferkörner

2 Nägel

2,5 cm Zimt

½ Teelöffel Koriandersamen

½ Teelöffel Schwarzkümmelsamen

½ Teelöffel Kreuzkümmelsamen

500 g Kichererbsen, über Nacht eingeweicht

Salz nach Geschmack

1 Liter/1¾ Pints Wasser

1 Esslöffel getrocknete Granatapfelkerne

Salz nach Geschmack

1 cm Ingwerwurzel, fein gehackt

1 grüne Chili, gehackt

2 Teelöffel Tamarindenpaste

2 Esslöffel Butter

1 kleine Kartoffel, gewürfelt

1 Tomate, fein gehackt

Methode

- Für die Gewürzmischung Pfefferkörner, Nelken, Zimt, Koriander, Schwarzkümmelsamen und Kreuzkümmelsamen zu einem feinen Pulver mahlen. Beiseite legen.
- Die Kichererbsen mit Salz und Wasser vermischen. Diese Mischung in einem Topf bei mittlerer Hitze 45 Minuten kochen. Beiseite legen.
- Die Granatapfelkerne in einer Bratpfanne bei mittlerer Hitze 2-3 Minuten trocken rösten. Vom Herd nehmen und mahlen, bis ein Pulver entsteht. Mit dem Salz vermischen und die Mischung erneut 5 Minuten lang trocken rösten. In einen Topf geben.
- Ingwer, grüne Chili und Tamarindenpaste hinzufügen. Diese Mischung bei mittlerer Hitze 4-5 Minuten kochen lassen. Die gemahlene Gewürzmischung hinzufügen. Gut vermischen und beiseite stellen.
- Das Ghee in einer anderen Pfanne erhitzen. Fügen Sie die Kartoffeln hinzu. Bei mittlerer Hitze goldbraun braten.
- Die Bratkartoffeln zu den gekochten Kichererbsen geben. Fügen Sie auch die gemahlene Tamarinden-Gewürzmischung hinzu.
- Gut vermischen und 5-6 Minuten köcheln lassen.

Karela Bharwan

(Gefüllter bitterer Kürbis)

für 4 Personen

Zutaten

500 g kleine bittere Kürbisse*

Salz nach Geschmack

1 Teelöffel Kurkuma

Raffiniertes Pflanzenöl zum Braten

Für die Füllung:

5-6 grüne Chilis

2,5 cm Ingwerwurzel

12 Knoblauchzehen

3 kleine Zwiebeln

1 Esslöffel raffiniertes Pflanzenöl

4 große Kartoffeln, gekocht und püriert

½ Teelöffel Kurkuma

½ Teelöffel Chilipulver

1 Teelöffel gemahlener Kreuzkümmel

1 Teelöffel gemahlener Koriander

Eine Prise Asafoetida

Salz nach Geschmack

Methode

- Bittere Kürbisse schälen. Schneiden Sie sie vorsichtig der Länge nach auf und achten Sie darauf, dass die Böden intakt bleiben. Kerne und Fruchtfleisch entfernen und entsorgen. Die äußeren Schichten mit Salz und Kurkuma einreiben. Legen Sie sie für 4–5 Stunden beiseite.
- Für die Füllung Chilis, Ingwer, Knoblauch und Zwiebeln zu einer Paste zermahlen. Beiseite legen.
- 1 Esslöffel Öl in einer Bratpfanne erhitzen. Zwiebel, Ingwer und Knoblauchpaste hinzufügen. Bei mittlerer Hitze 2-3 Minuten braten.
- Restliche Füllzutaten hinzufügen. Gut mischen. Die Mischung bei mittlerer Hitze 3-4 Minuten braten.
- Vom Herd nehmen und die Mischung abkühlen lassen. Diese Mischung in die Kürbisse füllen. Binden Sie jeden Kürbis mit einer Schnur zusammen, damit die Füllung beim Kochen nicht herausfällt.
- Das Öl zum Braten in einer Bratpfanne erhitzen. Die gefüllten Kürbisse dazugeben. Bei mittlerer Hitze unter häufigem Wenden goldbraun und knusprig braten.
- Lösen Sie die bitteren Kürbisse und entsorgen Sie die Schnüre. Heiß servieren.

Kofta-Kohl-Curry

(Kohl-Empanadas in Soße)

für 4 Personen

Zutaten

1 großer Kohl, zerkleinert

250g/9oz Besan*

Salz nach Geschmack

Raffiniertes Pflanzenöl zum Braten

2 Esslöffel Korianderblätter zum Dekorieren

Für die Soße:

3 Esslöffel raffiniertes Pflanzenöl

3 Lorbeerblätter

1 schwarzer Kardamom

1 cm Zimt

1 Zahn

1 große Zwiebel, sehr fein gehackt

2,5 cm/1 Zoll Ingwerwurzel, julieniert

3 Tomaten, fein gehackt

1 Teelöffel gemahlener Koriander

1 Teelöffel gemahlener Kreuzkümmel

Salz nach Geschmack

250 ml/8 Flüssigunzen Wasser

Methode

- Kohl, Besan und Salz zu einem glatten Teig verkneten. Den Teig in walnussgroße Kugeln teilen.
- Das Öl in einer Bratpfanne erhitzen. Fügen Sie die Kugeln hinzu. Bei mittlerer Hitze goldbraun braten. Abgießen und aufbewahren.
- Für die Soße das Öl in einem Topf erhitzen. Lorbeerblätter, Kardamom, Zimt und Nelken hinzufügen. Lassen Sie sie 30 Sekunden lang brutzeln.
- Zwiebel und Ingwer hinzufügen. Diese Mischung bei mittlerer Hitze braten, bis die Zwiebel transparent wird.
- Tomaten, gemahlenen Koriander und gemahlenen Kreuzkümmel hinzufügen. Gut mischen. 2-3 Minuten braten.
- Salz und Wasser hinzufügen. Eine Minute lang umrühren. Mit einem Deckel abdecken und 5 Minuten köcheln lassen.
- Decken Sie die Pfanne ab und geben Sie die Kofta-Kugeln hinein. Weitere 5 Minuten köcheln lassen, dabei gelegentlich umrühren.
- Mit Korianderblättern garnieren. Heiß servieren.

Ananas-Gojju

(Würziges Ananaskompott)

für 4 Personen

Zutaten

3 Esslöffel raffiniertes Pflanzenöl

250 ml/8 Flüssigunzen Wasser

1 Teelöffel Senfkörner

6 Curryblätter, zerdrückt

Eine Prise Asafoetida

½ Teelöffel Kurkuma

Salz nach Geschmack

400 g gehackte Ananas

Für die Gewürzmischung:

4 Esslöffel frische Kokosnuss, gerieben

3 grüne Chilis

2 rote Chilis

½ Teelöffel Fenchelsamen

½ Teelöffel Bockshornkleesamen

1 Teelöffel Kreuzkümmelsamen

2 Teelöffel Koriandersamen

1 kleiner Bund Korianderblätter

1 Zahn

2-3 Pfefferkörner

Methode

- Alle Zutaten für die Gewürzmischung vermischen.
- 1 Esslöffel Öl in einem Topf erhitzen. Gewürzmischung hinzufügen. Bei mittlerer Hitze 1-2 Minuten braten, dabei häufig umrühren. Vom Herd nehmen und mit der Hälfte des Wassers vermahlen, bis eine glatte Paste entsteht. Beiseite legen.
- Restliches Öl in einem Topf erhitzen. Senfkörner und Curryblätter hinzufügen. Lassen Sie sie 15 Sekunden lang brutzeln.
- Asafoetida, Kurkuma und Salz hinzufügen. Eine Minute braten.
- Ananas, Gewürzpaste und restliches Wasser hinzufügen. Gut mischen. Mit einem Deckel abdecken und 8–12 Minuten köcheln lassen. Heiß servieren.

Gojju bitterer Kürbis

(Würziges Bitterkürbiskompott)

für 4 Personen

Zutaten

Salz nach Geschmack

4 große bittere Kürbisse*, schälen, längs aufschneiden, entkernen und in Scheiben schneiden

6 Esslöffel raffiniertes Pflanzenöl

1 Teelöffel Senfkörner

8-10 Curryblätter

1 große Zwiebel, gerieben

3-4 Knoblauchzehen, zerdrückt

2 Teelöffel Chilipulver

1 Teelöffel gemahlener Kreuzkümmel

½ Teelöffel Kurkuma

1 Teelöffel gemahlener Koriander

2 Teelöffel Sambhar-Pulver*

2 Teelöffel frische Kokosnuss, gerieben

1 Teelöffel Bockshornkleesamen, trocken geröstet und gemahlen

2 Teelöffel weiße Sesamkörner, trocken geröstet und gemahlen

2 Esslöffel brauner Zucker*, Geschmolzen

½ Teelöffel Tamarindenpaste

250 ml/8 Flüssigunzen Wasser

Eine Prise Asafoetida

Methode

- Die bitteren Kürbisscheiben mit Salz einreiben. Geben Sie sie in eine Schüssel und verschließen Sie diese mit Aluminiumfolie. 30 Minuten ruhen lassen. Überschüssige Feuchtigkeit ausdrücken.
- Die Hälfte des Öls in einem Topf erhitzen. Bittere Kürbisse hinzufügen. Bei mittlerer Hitze goldbraun braten. Beiseite legen.
- Das restliche Öl in einem anderen Topf erhitzen. Senfkörner und Curryblätter hinzufügen. Lassen Sie sie 15 Sekunden lang brutzeln.
- Zwiebel und Knoblauch hinzufügen. Diese Mischung bei mittlerer Hitze braten, bis die Zwiebel goldbraun wird.
- Chilipulver, gemahlenen Kreuzkümmel, Kurkuma, gemahlenen Koriander, Sambhar-Pulver und Kokosnuss hinzufügen. 2-3 Minuten braten.
- Die restlichen Zutaten außer Wasser und Asafoetida hinzufügen. Noch eine Minute braten.
- Die frittierten Mates, etwas Salz und Wasser hinzufügen. Gut mischen. Mit einem Deckel abdecken und 12–15 Minuten köcheln lassen.
- Asafoetida hinzufügen. Gut mischen. Heiß servieren.

Baingan Mirchi ka Salan

(Aubergine und Chilischote)

für 4 Personen

Zutaten

6 ganze grüne Paprika

4 Esslöffel raffiniertes Pflanzenöl

600 g kleine Auberginen, geviertelt

4 grüne Chilis

1 Teelöffel Sesamkörner

10 Cashewnüsse

20-25 Erdnüsse

5 Körner schwarzer Pfeffer

¼ Teelöffel Bockshornkleesamen

¼ Teelöffel Senfkörner

1 Teelöffel Ingwerpaste

1 Teelöffel Knoblauchpaste

1 Teelöffel gemahlener Koriander

1 Teelöffel gemahlener Kreuzkümmel

½ Teelöffel Kurkuma

125 g Joghurt

2 Teelöffel Tamarindenpaste

3 ganze rote Chilis

Salz nach Geschmack

1 Liter/1¾ Pints Wasser

Methode

- Die Kerne entfernen und die grünen Paprika in lange Streifen schneiden.
- 1 Esslöffel Öl in einem Topf erhitzen. Die grünen Paprika dazugeben und bei mittlerer Hitze 1-2 Minuten anbraten. Beiseite legen.
- 2 Esslöffel Öl in einem anderen Topf erhitzen. Auberginen und grüne Chilis hinzufügen. Bei mittlerer Hitze 2-3 Minuten anbraten. Beiseite legen.
- Eine Bratpfanne erhitzen und die Sesamkörner, Cashewnüsse, Erdnüsse und Pfefferkörner bei mittlerer Hitze 1–2 Minuten lang trocken rösten. Vom Herd nehmen und die Mischung grob mahlen.
- Restliches Öl in einem Topf erhitzen. Bockshornkleesamen, Senfkörner, Ingwerpaste, Knoblauchpaste, gemahlenen Koriander, gemahlenen Kreuzkümmel, Kurkuma und eine Mischung aus Sesam und Cashewkernen hinzufügen. Bei mittlerer Hitze 2-3 Minuten braten.
- Die sautierten grünen Paprikaschoten, die sautierten Auberginen und die restlichen Zutaten hinzufügen. 10–12 Minuten köcheln lassen.
- Heiß servieren.

Huhn mit Gemüse

für 4 Personen

Zutaten

750 g/1 Pfund 10 Unzen Hühnchen, in 8 Stücke geschnitten

50 g Spinat, fein gehackt

25 g/knapp 1 Unze frische Bockshornkleeblätter, fein gehackt

100 g Korianderblätter, fein gehackt

50 g Minzblätter, fein gehackt

6 grüne Chilischoten, fein gehackt

120 ml raffiniertes Pflanzenöl

2-3 große Zwiebeln, in dünne Scheiben geschnitten

Salz nach Geschmack

Methode

- Alle Marinadenzutaten vermischen. Marinieren Sie das Huhn mit dieser Mischung eine Stunde lang.
- Spinat, Bockshornkleeblätter, Korianderblätter und Minzblätter mit grünen Chilis zu einer glatten Paste vermahlen. Mischen Sie diese Paste mit dem marinierten Hähnchen. Beiseite legen.
- Das Öl in einem Topf erhitzen. Fügen Sie die Zwiebeln hinzu. Bei mittlerer Hitze goldbraun braten.

- Hühnermischung und Salz hinzufügen. Gut mischen. Mit einem Deckel abdecken und 40 Minuten köcheln lassen, dabei gelegentlich umrühren. Heiß servieren.

Für die Marinade:

1 Teelöffel Garam Masala

1 Teelöffel gemahlener Koriander

1 Teelöffel gemahlener Kreuzkümmel

200 g Joghurt

¼ Teelöffel Kurkuma

1 Teelöffel Chilipulver

1 Teelöffel Ingwerpaste

1 Teelöffel Knoblauchpaste

Chicken Tikka Masala

für 4 Personen

Zutaten

200 g Joghurt

½ Esslöffel Ingwerpaste

½ Esslöffel Knoblauchpaste

Eine Prise orange Lebensmittelfarbe

2 Esslöffel raffiniertes Pflanzenöl

500 g/1 lb 2 oz Hähnchen ohne Knochen, in kleine Stücke geschnitten

1 Esslöffel Butter

6 Tomaten, fein gehackt

2 große Zwiebeln

½ Teelöffel Ingwerpaste

½ Teelöffel Knoblauchpaste

½ Teelöffel Kurkuma

1 Esslöffel Garam Masala

1 Teelöffel Chilipulver

Salz nach Geschmack

1 Esslöffel Korianderblätter, fein gehackt

Methode

- Für das Tikka Joghurt, Ingwerpaste, Knoblauchpaste, Lebensmittelfarbe und 1 Esslöffel Öl vermischen. Marinieren Sie das Huhn mit dieser Mischung 5 Stunden lang.
- Das marinierte Hähnchen 10 Minuten grillen. Beiseite legen.
- Die Butter in einem Topf erhitzen. Die Tomaten hinzufügen. Bei mittlerer Hitze 3-4 Minuten braten. Vom Herd nehmen und mixen, bis eine glatte Paste entsteht. Beiseite legen.
- Mahlen Sie die Zwiebel zu einer glatten Paste.
- Restliches Öl in einem Topf erhitzen. Zwiebelpaste hinzufügen. Bei mittlerer Hitze braten, bis es goldbraun wird.

- Ingwerpaste und Knoblauchpaste hinzufügen. Eine Minute braten.
- Kurkuma, Garam Masala, Chilipulver und Tomatenmark hinzufügen. Gut mischen. Rühren Sie die Mischung 3–4 Minuten lang um.
- Salz und gegrilltes Hähnchen hinzufügen. Vorsichtig umrühren, bis die Soße das Huhn bedeckt.
- Mit Korianderblättern garnieren. Heiß servieren.

Würzig gefülltes Hähnchen in reichhaltiger Sauce

für 4 Personen

Zutaten

½ Teelöffel Chilipulver

½ Teelöffel Garam Masala

4 Teelöffel Ingwerpaste

4 Teelöffel Knoblauchpaste

Salz nach Geschmack

8 Hähnchenbrüste, abgeflacht

4 große Zwiebeln, fein gehackt

5 cm Ingwerwurzel, fein gehackt

5 grüne Chilischoten, fein gehackt

200 g Khoya*

2 Esslöffel Zitronensaft

50 g Korianderblätter, fein gehackt

15 Cashewnüsse

5 Teelöffel dehydrierte Kokosnuss

30 g Mandelblättchen

1 Teelöffel Safran, eingeweicht in 1 Esslöffel Milch

150 g Butter

200 g Joghurt, geschüttelt

Methode

- Chilipulver, Garam Masala, die Hälfte der Ingwerpaste, die Hälfte der Knoblauchpaste und etwas Salz vermischen. Die Hähnchenbrüste mit dieser Mischung 2 Stunden lang marinieren.
- Mischen Sie die Hälfte der Zwiebeln mit gehacktem Ingwer, grünen Chilis, Khoya, Limettensaft, Salz und der Hälfte der Korianderblätter. Teilen Sie diese Mischung in 8 gleiche Portionen.
- Legen Sie jede Portion auf das schmalere Ende jeder Hähnchenbrust und rollen Sie sie nach innen, um die Brust zu verschließen. Beiseite legen.
- Backofen auf 200 °C (400 °F, Gas Stufe 6) vorheizen. Die gefüllten Hähnchenbrüste auf ein gefettetes Blech legen und 15–20 Minuten goldbraun grillen. Beiseite legen.
- Mahlen Sie die Cashewnüsse und die Kokosnuss zu einer glatten Paste. Beiseite legen.
- Die Mandeln in der Safranmilchmischung einweichen. Beiseite legen.
- Ghee in einem Topf erhitzen. Restliche Zwiebeln hinzufügen. Bei mittlerer Hitze braten, bis sie glasig werden. Die restliche Ingwerpaste und Knoblauchpaste hinzufügen. Die Mischung eine Minute lang braten.
- Fügen Sie die Cashew- und Kokosnusspaste hinzu. Eine Minute braten. Joghurt und gegrillte Hähnchenbrust hinzufügen. Gut mischen. 5-6 Minuten köcheln lassen, dabei häufig umrühren. Die Mandel-Safran-Mischung

hinzufügen. Vorsichtig mischen. 5 Minuten köcheln lassen.

- Mit Korianderblättern garnieren. Heiß servieren.

Würziges Hühnchen-Masala

für 4 Personen

Zutaten

6 ganze getrocknete rote Chilis

2 Esslöffel Koriandersamen

6 grüne Kardamomkapseln

6 Nägel

5 cm Zimt

2 Teelöffel Fenchelsamen

½ Teelöffel schwarze Pfefferkörner

120 ml raffiniertes Pflanzenöl

2 große Zwiebeln, in Scheiben geschnitten

1 cm Ingwerwurzel, gerieben

8 Knoblauchzehen, zerdrückt

2 große Tomaten, fein gehackt

3-4 Lorbeerblätter

1 kg Hähnchen, in 12 Stücke geschnitten

½ Teelöffel Kurkuma

Salz nach Geschmack

500 ml/16 Flüssigunzen Wasser

100 g Korianderblätter, fein gehackt

Methode

- Rote Chilis, Koriandersamen, Kardamom, Nelken, Zimt, Fenchelsamen und Pfefferkörner mischen.
- Die Mischung trocken rösten und zu einem Pulver mahlen. Beiseite legen.
- Das Öl in einem Topf erhitzen. Fügen Sie die Zwiebeln hinzu. Bei mittlerer Hitze goldbraun braten.
- Ingwer und Knoblauch hinzufügen. Eine Minute braten.
- Tomaten, Lorbeerblätter, gemahlenes rotes Chilipulver und Koriandersamen hinzufügen. 2-3 Minuten weiterbraten.
- Hähnchen, Kurkuma, Salz und Wasser hinzufügen. Gut mischen. Mit einem Deckel abdecken und 40 Minuten köcheln lassen, dabei regelmäßig umrühren.
- Das Hähnchen mit den Korianderblättern garnieren. Heiß servieren.

Kaschmirhuhn

für 4 Personen

Zutaten

2 Esslöffel Malzessig

2 Teelöffel Chiliflocken

2 Teelöffel Senfkörner

2 Teelöffel Kreuzkümmelsamen

½ Teelöffel schwarze Pfefferkörner

7,5 cm Zimt

10 Nägel

75 g Butter

1 kg Hähnchen, in 12 Stücke geschnitten

1 Esslöffel raffiniertes Pflanzenöl

4 Lorbeerblätter

4 mittelgroße Zwiebeln, fein gehackt

1 Esslöffel Ingwerpaste

1 Esslöffel Knoblauchpaste

3 Tomaten, fein gehackt

1 Teelöffel Kurkuma

500 ml/16 Flüssigunzen Wasser

Salz nach Geschmack

20 Cashewnüsse, gemahlen

6 Safranfäden, eingeweicht in den Saft einer Zitrone

Methode

- Malzessig mit Chiliflocken, Senfkörnern, Kreuzkümmel, Pfefferkörnern, Zimt und Nelken vermischen. Mahlen Sie diese Mischung, bis eine glatte Paste entsteht. Beiseite legen.
- Ghee in einem Topf erhitzen. Die Hähnchenteile dazugeben und bei mittlerer Hitze goldbraun braten. Abgießen und aufbewahren.
- Das Öl in einem Topf erhitzen. Lorbeerblätter und Zwiebeln hinzufügen. Diese Mischung bei mittlerer Hitze anbraten, bis die Zwiebeln goldbraun werden.
- Die Essigpaste hinzufügen. Gut vermischen und bei schwacher Hitze 7-8 Minuten kochen lassen.
- Ingwerpaste und Knoblauchpaste hinzufügen. Diese Mischung eine Minute lang braten.
- Tomaten und Kurkuma hinzufügen. Gut vermischen und bei mittlerer Hitze 2-3 Minuten kochen lassen.
- Das gebratene Hähnchen, Wasser und Salz hinzufügen. Gut umrühren, um das Huhn zu bedecken. Mit einem Deckel abdecken und 30 Minuten köcheln lassen, dabei gelegentlich umrühren.
- Cashewnüsse und Safran hinzufügen. 5 Minuten weiter köcheln lassen. Heiß servieren.

Rum und Hühnchen

für 4 Personen

Zutaten

1 Teelöffel Garam Masala

1 Teelöffel Chilipulver

1 kg Hähnchen, in 8 Stücke geschnitten

6 Knoblauchzehen

4 schwarze Pfefferkörner

4 Nägel

½ Teelöffel Kreuzkümmelsamen

2,5 cm Zimt

50 g frische Kokosnuss, gerieben

4 Mandeln

1 grüne Kardamomkapsel

1 Esslöffel Koriandersamen

300 ml/10 Flüssigunzen Wasser

75 g Butter

3 große Zwiebeln, fein gehackt

Salz nach Geschmack

½ Teelöffel Safran

120 ml dunkler Rum

1 Esslöffel Korianderblätter, fein gehackt

Methode

- Garam Masala und Chilipulver vermischen. Marinieren Sie das Huhn mit dieser Mischung 2 Stunden lang.
- Trocken gerösteter Knoblauch, Pfefferkörner, Nelken, Kreuzkümmel, Zimt, Kokosnuss, Mandeln, Kardamom und Koriandersamen.
- Mit 60 ml Wasser zu einer glatten Paste vermahlen. Beiseite legen.
- Das Ghee in einem Topf erhitzen. Die Zwiebeln dazugeben und bei mittlerer Hitze anbraten, bis sie glasig werden.
- Knoblauchpaste und Pfefferkörner hinzufügen. Gut mischen. Die Mischung 3-4 Minuten braten.
- Das marinierte Hähnchen und Salz hinzufügen. Gut mischen. Unter gelegentlichem Rühren 3–4 Minuten weiterbraten.
- 8 fl oz/240 ml Wasser hinzufügen. Vorsichtig umrühren. Mit einem Deckel abdecken und 40 Minuten köcheln lassen, dabei regelmäßig umrühren.
- Safran und Rum hinzufügen. Gut vermischen und 10 Minuten weiter köcheln lassen.
- Mit Korianderblättern garnieren. Heiß servieren.

Shah Jahani Huhn

(Hähnchen in scharfer Sauce)

für 4 Personen

Zutaten

5 Esslöffel raffiniertes Pflanzenöl

2 Lorbeerblätter

5 cm Zimt

6 grüne Kardamomkapseln

½ Teelöffel Kreuzkümmelsamen

8 Zähne

3 große Zwiebeln, fein gehackt

1 Teelöffel Kurkuma

1 Teelöffel Chilipulver

1 Teelöffel Ingwerpaste

1 Teelöffel Knoblauchpaste

Salz nach Geschmack

2½ oz/75g Cashewnüsse, gemahlen

150 g Joghurt, geschüttelt

1 kg Hähnchen, in 8 Stücke geschnitten

2 Esslöffel flüssige Sahne

¼ Teelöffel gemahlener schwarzer Kardamom

10 g Korianderblätter, fein gehackt

Methode

- Das Öl in einem Topf erhitzen. Lorbeerblätter, Zimt, Kardamom, Kreuzkümmel und Nelken hinzufügen. Lassen Sie sie 15 Sekunden lang brutzeln.
- Zwiebeln, Kurkuma und Chilipulver hinzufügen. Die Mischung bei mittlerer Hitze 1-2 Minuten anbraten.
- Ingwerpaste und Knoblauchpaste hinzufügen. Unter ständigem Rühren 2-3 Minuten braten.
- Salz und gemahlene Cashewnüsse hinzufügen. Gut vermischen und eine weitere Minute braten.
- Joghurt und Hühnchen hinzufügen. Vorsichtig umrühren, bis die Mischung die Hähnchenteile bedeckt.
- Mit einem Deckel abdecken und die Mischung bei schwacher Hitze 40 Minuten kochen lassen, dabei regelmäßig umrühren.
- Decken Sie die Pfanne ab und geben Sie die Sahne und den gemahlenen Kardamom hinzu. 5 Minuten lang vorsichtig umrühren.
- Das Hähnchen mit den Korianderblättern garnieren. Heiß servieren.

Osterhuhn

für 4 Personen

Zutaten

1 Teelöffel Zitronensaft

1 Teelöffel Ingwerpaste

1 Teelöffel Knoblauchpaste

Salz nach Geschmack

1 kg Hähnchen, in 8 Stücke geschnitten

2 Esslöffel Koriandersamen

12 Knoblauchzehen

2,5 cm Ingwerwurzel

1 Teelöffel Kreuzkümmelsamen

8 rote Chilis

4 Nägel

2,5 cm Zimt

1 Teelöffel Kurkuma

1 Liter/1¾ Pints Wasser

4 Esslöffel raffiniertes Pflanzenöl

3 große Zwiebeln, fein gehackt

4 grüne Chilischoten, der Länge nach geschnitten

3 Tomaten, fein gehackt

1 Teelöffel Tamarindenpaste

2 große Kartoffeln, geviertelt

Methode

- Zitronensaft, Ingwerpaste, Knoblauchpaste und Salz vermischen. Die Hähnchenstücke mit dieser Mischung 2 Stunden lang marinieren.
- Koriandersamen, Knoblauch, Ingwer, Kreuzkümmel, rote Chilis, Nelken, Zimt und Kurkuma mischen.
- Mahlen Sie diese Mischung mit der Hälfte des Wassers, bis eine glatte Paste entsteht. Beiseite legen.
- Das Öl in einem Topf erhitzen. Fügen Sie die Zwiebeln hinzu. Bei mittlerer Hitze braten, bis sie glasig werden.
- Grüne Chilis, Knoblauchpaste und Koriandersamen hinzufügen. Diese Mischung 3-4 Minuten braten.
- Tomaten und Tamarindenpaste hinzufügen. 2-3 Minuten weiterbraten.
- Das marinierte Hähnchen, die Kartoffeln und das restliche Wasser hinzufügen. Gut mischen. Mit einem Deckel abdecken und bei schwacher Hitze 40 Minuten kochen lassen, dabei regelmäßig umrühren.
- Heiß servieren.

Scharfe Ente mit Kartoffeln

für 4 Personen

Zutaten

1 Teelöffel gemahlener Koriander

2 Teelöffel Chilipulver

¼ Teelöffel Kurkuma

5 cm Zimt

6 Nägel

4 grüne Kardamomkapseln

1 Teelöffel Fenchelsamen

60 ml raffiniertes Pflanzenöl

4 große Zwiebeln, in dünne Scheiben geschnitten

5 cm Ingwerwurzel, gerieben

8 Knoblauchzehen

6 grüne Chilischoten, der Länge nach geschnitten

3 große Kartoffeln, geviertelt

1 kg Ente, in 8–10 Stücke geschnitten

2 Teelöffel Malzessig

750 ml/1¼ Pints Kokosmilch

Salz nach Geschmack

1 Teelöffel Butter

1 Teelöffel Senfkörner

2 Schalotten, in Scheiben geschnitten

8 Curryblätter

Methode

- Koriander, Chilipulver, Kurkuma, Zimt, Nelken, Kardamom und Fenchelsamen vermischen. Mahlen Sie diese Mischung zu Pulver. Beiseite legen.
- Das Öl in einem Topf erhitzen. Zwiebeln, Ingwer, Knoblauch und grüne Chilis hinzufügen. Bei mittlerer Hitze 2-3 Minuten braten.
- Fügen Sie die pulverisierte Gewürzmischung hinzu. 2 Minuten anbraten.
- Fügen Sie die Kartoffeln hinzu. 3–4 Minuten weiterbraten.
- Ente, Malzessig, Kokosmilch und Salz hinzufügen. 5 Minuten rühren. Mit einem Deckel abdecken und die Mischung bei schwacher Hitze 40 Minuten kochen lassen, dabei regelmäßig umrühren. Sobald die Ente gar ist, vom Herd nehmen und beiseite stellen.
- Das Ghee in einem kleinen Topf erhitzen. Senfkörner, Schalotten und Curryblätter hinzufügen. Bei starker Hitze 30 Sekunden anbraten.
- Gießen Sie dies über die Ente. Gut mischen. Heiß servieren.

Entenmoile

(einfaches Entencurry)

für 4 Personen

Zutaten

1 kg Ente, in 12 Stücke geschnitten

Salz nach Geschmack

1 Esslöffel gemahlener Koriander

1 Teelöffel gemahlener Kreuzkümmel

6 schwarze Pfefferkörner

4 Nägel

2 grüne Kardamomkapseln

2,5 cm Zimt

120 ml raffiniertes Pflanzenöl

3 große Zwiebeln, fein gehackt

5 cm Ingwerwurzel, in dünne Scheiben geschnitten

3 grüne Chilischoten, fein gehackt

½ Teelöffel Zucker

2 Esslöffel Malzessig

360 ml/12 Flüssigunzen Wasser

Methode

- Die Entenstücke eine Stunde lang mit Salz marinieren.
- Gemahlenen Koriander, gemahlenen Kreuzkümmel, Pfefferkörner, Nelken, Kardamom und Zimt vermischen. Diese Mischung in einer Pfanne bei mittlerer Hitze 1–2 Minuten lang trocken rösten.
- Vom Herd nehmen und zu einem feinen Pulver mahlen. Beiseite legen.
- Das Öl in einem Topf erhitzen. Die marinierten Entenstücke dazugeben. Bei mittlerer Hitze goldbraun braten. Dabei gelegentlich wenden, um sicherzustellen, dass sie nicht anbrennen. Abgießen und aufbewahren.
- Das gleiche Öl erhitzen und die Zwiebeln hinzufügen. Bei mittlerer Hitze goldbraun braten.
- Ingwer und grüne Chilis hinzufügen. 1-2 Minuten weiterbraten.
- Zucker, Malzessig sowie Koriander und Kreuzkümmelpulver hinzufügen. 2-3 Minuten rühren.
- Die gebratenen Entenstücke zusammen mit dem Wasser hinzufügen. Gut mischen. Mit einem Deckel abdecken und 40 Minuten köcheln lassen, dabei gelegentlich umrühren.
- Heiß servieren.

Bharwa Murgh Kaju

(Hähnchen gefüllt mit Cashewnüssen)

für 4 Personen

Zutaten

3 Teelöffel Ingwerpaste

3 Teelöffel Knoblauchpaste

10 Cashewnüsse, gemahlen

1 Teelöffel Chilipulver

1 Teelöffel Garam Masala

Salz nach Geschmack

8 Hähnchenbrüste, abgeflacht

4 große Zwiebeln, fein gehackt

200 g Khoya*

6 grüne Chilischoten, fein gehackt

25 g/ein paar 1 oz Minzblätter, fein gehackt

25 g Korianderblätter, fein gehackt

2 Esslöffel Zitronensaft

75 g Butter

2½ oz/75g Cashewnüsse, gemahlen

400 g Joghurt, geschüttelt

2 Teelöffel Garam Masala

2 Teelöffel Safran, eingeweicht in 2 Esslöffel warme Milch

Salz nach Geschmack

Methode

- Mischen Sie die Hälfte der Ingwerpaste und die Hälfte der Knoblauchpaste mit den gemahlenen Cashewnüssen, Chilipulver, Garam Masala und etwas Salz.
- Die Hähnchenbrüste mit dieser Mischung 30 Minuten marinieren.
- Die Hälfte der Zwiebeln mit Khoya, grünen Chilis, Minzblättern, Korianderblättern und Zitronensaft vermischen. Teilen Sie diese Mischung in 8 gleiche Portionen.
- Eine marinierte Hähnchenbrust darauf verteilen. Geben Sie eine Portion der Zwiebel-Khoya-Mischung darauf. Wie einen Wrap aufrollen.
- Wiederholen Sie dies für die restlichen Hähnchenbrüste.
- Eine Auflaufform einfetten und die gefüllten Hähnchenbrüste mit den losen Enden nach unten hineinlegen.
- Braten Sie das Hähnchen 20 Minuten lang im Ofen bei 200 °C (400 °F, Gas Stufe 6). Beiseite legen.

- Ghee in einem Topf erhitzen. Restliche Zwiebeln hinzufügen. Bei mittlerer Hitze braten, bis sie glasig werden.

- Die restliche Ingwerpaste und Knoblauchpaste hinzufügen. Die Mischung 1-2 Minuten braten.
- Die gemahlenen Cashewnüsse, Joghurt und Garam Masala hinzufügen. 1-2 Minuten rühren.
- Die Brathähnchenröllchen, die Safranmischung und etwas Salz hinzufügen. Gut mischen. Mit einem Deckel abdecken und 15–20 Minuten köcheln lassen. Heiß servieren.

Hühnchen-Joghurt-Masala

für 4 Personen

Zutaten

1 kg Hähnchen, in 12 Stücke geschnitten

7,5 cm Ingwerwurzel, gerieben

10 Knoblauchzehen, zerdrückt

½ Teelöffel Chilipulver

½ Teelöffel Garam Masala

½ Teelöffel Kurkuma

2 grüne Chilis

Salz nach Geschmack

200 g Joghurt

½ Teelöffel Kreuzkümmelsamen

1 Teelöffel Koriandersamen

4 Nägel

4 schwarze Pfefferkörner

2,5 cm Zimt

4 grüne Kardamomkapseln

6-8 Mandeln

5 Esslöffel Butter

4 mittelgroße Zwiebeln, fein gehackt

250 ml/8 Flüssigunzen Wasser

1 Esslöffel Korianderblätter, fein gehackt

Methode

- Hähnchenstücke mit einer Gabel einstechen. Beiseite legen.
- Die Hälfte des Ingwers und Knoblauchs mit Chilipulver, Garam Masala, Kurkuma, grünen Chilis und Salz vermischen. Mahlen Sie diese Mischung, bis eine glatte Paste entsteht. Die Paste mit dem Joghurt verrühren.
- Marinieren Sie das Huhn mit dieser Mischung 4–5 Stunden lang. Beiseite legen.
- Einen Topf erhitzen. Kreuzkümmel, Koriandersamen, Nelken, Pfefferkörner, Zimt, Kardamom und Mandeln trocken rösten. Beiseite legen.

- 4 Esslöffel Ghee in einem schweren Topf erhitzen. Fügen Sie die Zwiebeln hinzu. Bei mittlerer Hitze braten, bis sie glasig werden.
- Den restlichen Ingwer und Knoblauch hinzufügen. 1-2 Minuten braten.
- Vom Herd nehmen und diese Mischung mit der Mischung aus trockenem Kreuzkümmel und geröstetem Koriander zu einer glatten Paste vermahlen.

- Restliches Ghee in einem Topf erhitzen. Die Nudeln dazugeben und bei mittlerer Hitze 2-3 Minuten braten.
- Das marinierte Hähnchen dazugeben und weitere 3-4 Minuten braten.
- Fügen Sie das Wasser hinzu. Eine Minute lang vorsichtig umrühren. Mit einem Deckel abdecken und 30 Minuten köcheln lassen, dabei regelmäßig umrühren.
- Mit Korianderblättern garnieren und heiß servieren.

Hühnchen-Dhansak

(Hähnchen nach Parsi-Art zubereitet)

für 4 Personen

Zutaten

75 g Toor Dhal*

75 g Mung Dhal*

75 g Masor Dhal*

75 g Chana Dhal*

1 kleine Aubergine, fein gehackt

25 g Kürbis, fein gehackt

Salz nach Geschmack

1 Liter/1¾ Pints Wasser

8 schwarze Pfefferkörner

6 Nägel

2,5 cm Zimt

Prise Muskatblüte

2 Lorbeerblätter

1 Sternanis

3 getrocknete rote Chilis

2 Esslöffel raffiniertes Pflanzenöl

50 g Korianderblätter, fein gehackt

50 g frische Bockshornkleeblätter, fein gehackt

50 g Minzblätter, fein gehackt

750 g/1 lb 10 oz Hähnchen ohne Knochen, in 12 Stücke geschnitten

1 Teelöffel Kurkuma

¼ Teelöffel geriebene Muskatnuss

1 Esslöffel Knoblauchpaste

1 Esslöffel Ingwerpaste

1 Esslöffel Tamarindenpaste

Methode

- Die Dhals mit Aubergine, Kürbis, Salz und der Hälfte des Wassers vermischen. Diese Mischung in einem Topf bei mittlerer Hitze 45 Minuten kochen.
- Vom Herd nehmen und diese Mischung vermischen, bis eine glatte Paste entsteht. Beiseite legen.
- Pfefferkörner, Nelken, Zimt, Muskatblüte, Lorbeerblätter, Sternanis und rote Chilis mischen. Die Mischung bei mittlerer Hitze 2-3 Minuten lang trocken rösten. Vom Herd nehmen und zu einem feinen Pulver mahlen. Beiseite legen.
- Das Öl in einem Topf erhitzen. Koriander, Bockshornklee und Minzblätter hinzufügen. Bei mittlerer Hitze 1-2 Minuten braten. Vom Herd nehmen und zu einer Paste zermahlen. Beiseite legen.
- Mischen Sie das Huhn mit Kurkuma, Muskatnuss, Knoblauchpaste, Ingwerpaste, Dhal-Paste und dem

restlichen Wasser. Kochen Sie diese Mischung in einem Topf bei mittlerer Hitze 30 Minuten lang und rühren Sie dabei gelegentlich um.

- Korianderblätter, Bockshornklee und Minzpaste hinzufügen. 2-3 Minuten kochen lassen.
- Nelkenpulver und Tamarindenpaste hinzufügen. Gut mischen. Rühren Sie die Mischung 8–10 Minuten lang bei schwacher Hitze um.
- Heiß servieren.

Chatpata-Huhn

(scharfes Hühnchen)

für 4 Personen

Zutaten

500 g/1 lb 2 oz Hähnchen ohne Knochen, in kleine Stücke geschnitten

2 Esslöffel raffiniertes Pflanzenöl

150 g Blumenkohlröschen

200 g Pilze, in Scheiben geschnitten

1 große Karotte, in Scheiben geschnitten

1 große grüne Paprika, entkernt und gehackt

Salz nach Geschmack

½ Teelöffel gemahlener schwarzer Pfeffer

10-15 Curryblätter

5 grüne Chilischoten, fein gehackt

5 cm Ingwerwurzel, fein gehackt

10 Knoblauchzehen, fein gehackt

4 Esslöffel Tomatenpüree

4 Esslöffel Korianderblätter, fein gehackt

Für die Marinade:

125 g Joghurt

1½ Esslöffel Ingwerpaste

1½ Esslöffel Knoblauchpaste

1 Teelöffel Chilipulver

1 Teelöffel Garam Masala

Salz nach Geschmack

Methode

- Alle Marinadenzutaten vermischen.
- Marinieren Sie das Huhn 1 Stunde lang mit dieser Mischung.
- Einen halben Esslöffel Öl in einem Topf erhitzen. Blumenkohl, Pilze, Karotte, grünen Pfeffer, Salz und gemahlenen schwarzen Pfeffer hinzufügen. Gut mischen. Die Mischung bei mittlerer Hitze 3-4 Minuten braten. Beiseite legen.
- Das restliche Öl in einem anderen Topf erhitzen. Curryblätter und grüne Chilis hinzufügen. Bei mittlerer Hitze eine Minute braten.
- Ingwer und Knoblauch hinzufügen. Noch eine Minute braten.
- Das marinierte Hähnchen und das gebratene Gemüse hinzufügen. 4-5 Minuten braten.
- Das Tomatenpüree hinzufügen. Gut mischen. Mit einem Deckel abdecken und die Mischung bei schwacher Hitze 40 Minuten kochen lassen, dabei gelegentlich umrühren.
- Mit Korianderblättern garnieren. Heiß servieren.

Enten-Masala in Kokosmilch

für 4 Personen

Zutaten

1 kg Ente, in 12 Stücke geschnitten

Raffiniertes Pflanzenöl zum Braten

3 große Kartoffeln, gehackt

750 ml/1¼ Pints Wasser

4 Teelöffel Kokosöl

1 große Zwiebel, in dünne Scheiben geschnitten

100 g Kokosmilch

Für die Gewürzmischung:

2 Teelöffel gemahlener Koriander

½ Teelöffel Kurkuma

1 Teelöffel gemahlener schwarzer Pfeffer

¼ Teelöffel Kreuzkümmel

¼ Teelöffel Schwarzkümmelsamen

2,5 cm Zimt

9 Zähne

2 grüne Kardamomkapseln

8 Knoblauchzehen

2,5 cm Ingwerwurzel

1 Teelöffel Malzessig

Salz nach Geschmack

Methode
- Die Zutaten der Gewürzmischung vermischen und zu einer glatten Paste vermahlen.
- Marinieren Sie die Ente mit dieser Paste 2-3 Stunden lang.
- Das Öl in einem Topf erhitzen. Die Kartoffeln dazugeben und bei mittlerer Hitze goldbraun braten. Abgießen und aufbewahren.
- Das Wasser in einem Topf erhitzen. Die marinierten Entenstücke dazugeben und 40 Minuten köcheln lassen, dabei gelegentlich umrühren. Beiseite legen.
- Das Kokosöl in einer Bratpfanne erhitzen. Die Zwiebel dazugeben und bei mittlerer Hitze goldbraun anbraten.
- Die Kokosmilch hinzufügen. Die Mischung 2 Minuten kochen lassen, dabei häufig umrühren.
- Vom Herd nehmen und diese Mischung zur gekochten Ente geben. Gut vermischen und 5-10 Minuten köcheln lassen.
- Mit den Pommes dekorieren. Heiß servieren.

Dil-Bahar-Huhn

(Sahnehähnchen)

für 4 Personen

Zutaten

4-5 Esslöffel raffiniertes Pflanzenöl

2 Lorbeerblätter

5 cm Zimt

3 grüne Kardamomkapseln

4 Nägel

2 große Zwiebeln, fein gehackt

1 Teelöffel Ingwerpaste

1 Teelöffel Knoblauchpaste

2 Teelöffel gemahlener Kreuzkümmel

2 Teelöffel gemahlener Koriander

½ Teelöffel Kurkuma

4 grüne Chilischoten, der Länge nach geschnitten

750 g/1 lb 10 oz Hähnchen ohne Knochen, in 16 Stücke geschnitten

50 g Schnittlauch, fein gehackt

1 große grüne Paprika, fein gehackt

1 Teelöffel Garam Masala

Salz nach Geschmack

150 g Tomatenpüree

125 g Joghurt

250 ml/8 Flüssigunzen Wasser

2 Butterlöffel

85g/3oz Cashewnüsse

500 ml/16 fl oz Kondensmilch

250 ml Einzelcreme

1 Esslöffel Korianderblätter, fein gehackt

Methode

- Das Öl in einem Topf erhitzen. Lorbeerblätter, Zimt, Kardamom und Nelken hinzufügen. Lassen Sie sie 30 Sekunden lang brutzeln.
- Zwiebeln, Ingwerpaste und Knoblauchpaste hinzufügen. Diese Mischung bei mittlerer Hitze anbraten, bis die Zwiebeln goldbraun sind.
- Gemahlenen Kreuzkümmel, gemahlenen Koriander, Kurkuma und grüne Chilis hinzufügen. Die Mischung 2-3 Minuten braten.
- Die Hähnchenstücke hinzufügen. Gut mischen. Braten Sie sie 5 Minuten lang.
- Frühlingszwiebeln, grüne Paprika, Garam Masala und Salz hinzufügen. 3–4 Minuten weiterbraten.
- Tomatenpüree, Joghurt und Wasser hinzufügen. Gut vermischen und mit einem Deckel abdecken. Kochen

Sie die Mischung 30 Minuten lang bei schwacher Hitze und rühren Sie dabei gelegentlich um.
- Während die Hühnermischung kocht, erhitzen Sie die Butter in einem anderen Topf. Die Cashewnüsse dazugeben und bei mittlerer Hitze goldbraun braten. Beiseite legen.
- Kondensmilch und Sahne zur Hühnermischung geben. Gut vermischen und 5 Minuten weiter köcheln lassen.
- Butter mit gebratenen Cashewnüssen hinzufügen und 2 Minuten lang gut vermischen.
- Mit Korianderblättern garnieren. Heiß servieren.

Dum ka Murgh

(Gekochtes Hähnchen)

für 4 Personen

Zutaten

4 Esslöffel raffiniertes Pflanzenöl plus Extra zum Braten

3 große Zwiebeln, in Scheiben geschnitten

10 Mandeln

10 Cashewnüsse

1 Esslöffel dehydrierte Kokosnuss

1 Teelöffel Ingwerpaste

1 Teelöffel Knoblauchpaste

½ Teelöffel Kurkuma

1 Teelöffel Chilipulver

Salz nach Geschmack

200 g Joghurt

1 kg Hähnchen, fein gehackt

1 Esslöffel Korianderblätter, gehackt

1 Esslöffel Minzblätter, gehackt

½ Teelöffel Safran

Methode

- Zum Braten das Öl erhitzen. Die Zwiebeln dazugeben und bei mittlerer Hitze goldbraun braten. Abgießen und aufbewahren.
- Mandeln, Cashewkerne und Kokosnuss vermischen. Rösten Sie die Mischung trocken. Mit ausreichend Wasser vermahlen, bis eine glatte Paste entsteht.
- 4 Esslöffel Öl in einem Topf erhitzen. Ingwerpaste, Knoblauchpaste, Kurkuma und Chilipulver hinzufügen. Bei mittlerer Hitze 1-2 Minuten braten.
- Mandel-Cashew-Paste, Röstzwiebeln, Salz und Joghurt hinzufügen. 4-5 Minuten kochen lassen.

- In eine Auflaufform geben. Hähnchen, Koriander und Minzblätter hinzufügen. Gut mischen.
- Den Safran darüber streuen. Mit Alufolie verschließen und fest mit einem Deckel abdecken. Im Ofen bei 180 °C (350 °F, Gas Stufe 4) 40 Minuten backen.
- Heiß servieren.

Murgh Kheema Masala

(Scharfes Hähnchenhackfleisch)

für 4 Personen

Zutaten

60 ml raffiniertes Pflanzenöl

5 cm Zimt

4 Nägel

2 grüne Kardamomkapseln

½ Teelöffel Kreuzkümmelsamen

2 große Zwiebeln, fein gehackt

1 Teelöffel gemahlener Koriander

½ Teelöffel gemahlener Kreuzkümmel

½ Teelöffel Kurkuma

1 Teelöffel Chilipulver

2 Teelöffel Ingwerpaste

3 Teelöffel Knoblauchpaste

3 Tomaten, fein gehackt

200 g gefrorene Erbsen

1 kg gehacktes Hähnchen

2½ oz/75g Cashewnüsse, gemahlen

125 g Joghurt

250 ml/8 Flüssigunzen Wasser

Salz nach Geschmack

4 Esslöffel flüssige Sahne

25 g Korianderblätter, fein gehackt

Methode

- Das Öl in einem Topf erhitzen. Zimt, Nelken, Kardamom und Kreuzkümmel hinzufügen. Lassen Sie sie 15 Sekunden lang brutzeln.
- Zwiebeln, gemahlenen Koriander, gemahlenen Kreuzkümmel, Kurkuma und Chilipulver hinzufügen. Bei mittlerer Hitze 1-2 Minuten braten.
- Ingwerpaste und Knoblauchpaste hinzufügen. Eine Minute lang weiterbraten.
- Tomaten, Erbsen und Hühnerhackfleisch hinzufügen. Gut mischen. Kochen Sie diese Mischung bei schwacher Hitze 10–15 Minuten lang und rühren Sie dabei gelegentlich um.
- Joghurt, Wasser und Salz hinzufügen. Gut mischen. Mit einem Deckel abdecken und bei schwacher Hitze 20–25 Minuten garen.
- Mit Sahne und Korianderblättern garnieren. Heiß servieren.

Gefülltes Hühnchen-Nawabi

für 4 Personen

Zutaten

200 g Joghurt

2 Esslöffel Zitronensaft

½ Teelöffel Kurkuma

Salz nach Geschmack

1 kg Huhn

100 g Semmelbrösel

Für die Füllung:

120 ml raffiniertes Pflanzenöl

1½ Teelöffel Ingwerpaste

1½ Teelöffel Knoblauchpaste

2 große Zwiebeln, fein gehackt

2 grüne Chilischoten, fein gehackt

½ Teelöffel Chilipulver

1 Hühnermagen, gehackt

1 Hühnerleber, gehackt

200 g Erbsen

2 Karotten, gewürfelt

50 g Korianderblätter, fein gehackt

2 Esslöffel Minzblätter, fein gehackt

½ Teelöffel gemahlener schwarzer Pfeffer

½ Teelöffel Garam Masala

20 Cashewnüsse, gehackt

20 Rosinen

Methode

- Den Joghurt mit Zitronensaft, Kurkuma und Salz verrühren. Marinieren Sie das Huhn mit dieser Mischung 1–2 Stunden lang.
- Für die Füllung das Öl in einem Topf erhitzen. Ingwerpaste, Knoblauchpaste und Zwiebeln hinzufügen und bei mittlerer Hitze 1-2 Minuten braten.
- Fügen Sie die grünen Chilis, Chilipulver, Hühnermagen und Hühnerleber hinzu. Gut mischen. 3-4 Minuten braten.
- Erbsen, Karotten, Korianderblätter, Minzblätter, Pfeffer, Garam Masala, Cashewnüsse und Rosinen hinzufügen. 2 Minuten rühren. Mit einem Deckel abdecken und 20 Minuten köcheln lassen, dabei gelegentlich umrühren.
- Vom Herd nehmen und abkühlen lassen.
- Füllen Sie diese Mischung in das marinierte Hähnchen.
- Das gefüllte Hähnchen in Semmelbröseln wälzen und im vorgeheizten Ofen bei 200 °C (400 °F, Gasstufe 6) 50 Minuten braten.
- Heiß servieren.

Murgh ke Nazaré

(Huhn mit Cheddar-Käse und Paneer)

für 4 Personen

Zutaten

   Salz nach Geschmack

   ½ Esslöffel Ingwerpaste

   ½ Esslöffel Knoblauchpaste

   Saft von 1 Zitrone

   750 g Hähnchenstücke ohne Knochen, abgeflacht

   75 g Muffin*, gerieben

   250 g gehacktes Hähnchen

   75 g Cheddar-Käse, gerieben

   1 Teelöffel gemahlener Koriander

   ½ Teelöffel Garam Masala

   ½ Teelöffel Kurkuma

   125 g Khoya*

   1 Teelöffel Chilipulver

   2 Eier, gekocht und fein gehackt

   3 Tomaten, fein gehackt

2 grüne Chilischoten, fein gehackt

2 große Zwiebeln, fein gehackt

2 Esslöffel Korianderblätter, gehackt

½ Teelöffel Ingwerpulver

Für die Soße:

4 Esslöffel raffiniertes Pflanzenöl

½ Esslöffel Ingwerpaste

½ Esslöffel Knoblauchpaste

2 große Zwiebeln, gehackt

2 grüne Chilischoten, fein gehackt

½ Teelöffel Kurkuma

1 Teelöffel gemahlener Koriander

½ Teelöffel gemahlener weißer Pfeffer

½ Teelöffel gemahlener Kreuzkümmel

½ Teelöffel getrocknetes Ingwerpulver

200 g Joghurt

4 Cashewnüsse, gemahlen

4 Mandeln, gemahlen

125 g Khoya*

Methode

- Salz, Ingwerpaste, Knoblauchpaste und Zitronensaft vermischen. Marinieren Sie das Huhn 1 Stunde lang mit dieser Mischung. Beiseite legen.
- Paneer mit gehacktem Hähnchen, Käse, gemahlenem Koriander, Garam Masala, Kurkuma und Khoya vermischen.
- Diese Mischung über das marinierte Hähnchen verteilen. Chilipulver, Eier, Tomaten, grüne Chilis, Zwiebeln, Korianderblätter und Ingwerpulver darüber streuen. Rollen Sie das Hähnchen wie einen Wrap und verschließen Sie es, indem Sie es mit einer Schnur fest zubinden.
- Im Ofen bei 200 °C (400 °F, Gas Stufe 6) 30 Minuten backen. Beiseite legen.
- Für die Soße das Öl in einem Topf erhitzen. Ingwerpaste, Knoblauchpaste, Zwiebeln und grüne Chilis hinzufügen. Bei mittlerer Hitze 2-3 Minuten braten. Die restlichen Saucenzutaten hinzufügen. 7-8 Minuten kochen lassen.
- Das Hähnchenbrötchen in kleine Stücke schneiden und auf einen Servierteller legen. Die Soße darüber gießen. Heiß servieren.

Murgh Pasanda

(Scharfe Hähnchenhäppchen)

für 4 Personen

Zutaten

1 Teelöffel Kurkuma

30 g gehackte Korianderblätter

1 Teelöffel Chilipulver

10 g Minzblätter, fein gehackt

1 Teelöffel Garam Masala

5 cm großes Stück rohe Papaya, gemahlen

1 Teelöffel Ingwerpaste

1 Teelöffel Knoblauchpaste

Salz nach Geschmack

750 g Hähnchenbrust, in dünne Scheiben geschnitten

6 Esslöffel raffiniertes Pflanzenöl

Methode

- Alle Zutaten außer Hühnchen und Öl vermischen. Die Hähnchenscheiben mit dieser Mischung 3 Stunden lang marinieren.
- Das Öl in einer Bratpfanne erhitzen. Die marinierten Hähnchenscheiben dazugeben und bei mittlerer Hitze unter gelegentlichem Wenden goldbraun braten. Heiß servieren.

Murgh Masala

(Hühner-Masala)

für 4 Personen

Zutaten

4 Esslöffel raffiniertes Pflanzenöl

2 große Zwiebeln, gerieben

1 Tomate, fein gehackt

Salz nach Geschmack

1 kg Hähnchen, in 8 Stücke geschnitten

360 ml/12 Flüssigunzen Wasser

360 ml Kokosmilch

Für die Gewürzmischung:

2 Esslöffel Garam Masala

1 Teelöffel Kreuzkümmelsamen

1½ Teelöffel Mohn

4 rote Chilis

½ Teelöffel Kurkuma

8 Knoblauchzehen

2,5 cm Ingwerwurzel

Methode

- Mahlen Sie die Gewürzmischung mit ausreichend Wasser, bis eine glatte Paste entsteht. Beiseite legen.
- Das Öl in einem Topf erhitzen. Die Zwiebeln dazugeben und bei mittlerer Hitze goldbraun braten. Die Gewürzmischungspaste dazugeben und 5-6 Minuten braten.
- Tomate, Salz, Hühnchen und Wasser hinzufügen. Mit einem Deckel abdecken und 20 Minuten köcheln lassen. Kokosmilch hinzufügen, gut vermischen und heiß servieren.

Cremiges Bohri-Huhn

(Huhn in cremiger Sauce)

für 4 Personen

Zutaten

3 große Zwiebeln

2,5 cm Ingwerwurzel

8 Knoblauchzehen

6 grüne Chilis

100 g Korianderblätter, fein gehackt

3 Esslöffel Minzblätter, fein gehackt

120 ml Wasser

1 kg Hähnchen, in 8 Stücke geschnitten

2 Esslöffel Zitronensaft

1 Teelöffel gemahlener schwarzer Pfeffer

250 ml Einzelcreme

30 g Butter

Salz nach Geschmack

Methode

- Zwiebeln, Ingwer, Knoblauch, grüne Chilis, Korianderblätter und Minzblätter vermischen. Mahlen Sie diese Mischung mit Wasser zu einer feinen Paste.
- Marinieren Sie das Hähnchen mit der Hälfte dieser Paste und dem Zitronensaft 1 Stunde lang.
- Legen Sie das marinierte Hähnchen in einen Topf und gießen Sie die restliche Paste darüber. Streuen Sie die restlichen Zutaten über diese Mischung.
- Mit Alufolie verschließen, fest mit einem Deckel abdecken und 45 Minuten köcheln lassen. Heiß servieren.

Jhatpat Murgh

(Schnelles Huhn)

für 4 Personen

Zutaten

4 Esslöffel raffiniertes Pflanzenöl

2 große Zwiebeln, in dünne Scheiben geschnitten

2 Teelöffel Ingwerpaste

Salz nach Geschmack

1 kg Hähnchen, in 12 Stücke geschnitten

¼ Teelöffel Safran, aufgelöst in 2 Esslöffel Milch

Methode

- Das Öl in einem Topf erhitzen. Zwiebeln und Ingwerpaste hinzufügen. Bei mittlerer Hitze 2 Minuten braten.
- Salz und Hühnchen hinzufügen. 30 Minuten köcheln lassen, dabei häufig umrühren. Mit Safranmischung bestreuen. Heiß servieren.

Grünes Curryhuhn

für 4 Personen

Zutaten

Salz nach Geschmack

eine Prise Kurkuma

Saft von 1 Zitrone

1 kg Hähnchen, in 12 Stücke geschnitten

3,5 cm Ingwerwurzel

8 Knoblauchzehen

100 g gehackte Korianderblätter

3 grüne Chilis

4 Esslöffel raffiniertes Pflanzenöl

2 große Zwiebeln, gerieben

½ Teelöffel Garam Masala

250 ml/8 Flüssigunzen Wasser

Methode

- Salz, Kurkuma und Zitronensaft vermischen. Marinieren Sie das Huhn 30 Minuten lang mit dieser Mischung.
- Mahlen Sie Ingwer, Knoblauch, Korianderblätter und Chilis zu einer glatten Paste.
- Das Öl in einem Topf erhitzen. Die Nudeln zusammen mit den geriebenen Zwiebeln dazugeben und bei mittlerer Hitze 2-3 Minuten anbraten.
- Mariniertes Hähnchen, Garam Masala und Wasser hinzufügen. Gut vermischen und bei schwacher Hitze 40 Minuten kochen lassen, dabei häufig umrühren. Heiß servieren.

Murgh Bharta

(Gedünstetes Hähnchen mit Eiern)

für 4 Personen

Zutaten

4 Esslöffel raffiniertes Pflanzenöl

2 große Zwiebeln, in dünne Scheiben geschnitten

500 g Hähnchen ohne Knochen, gewürfelt

1 Teelöffel Garam Masala

½ Teelöffel Kurkuma

Salz nach Geschmack

3 Tomaten, in dünne Scheiben geschnitten

30 g gehackte Korianderblätter

4 hartgekochte Eier, halbiert

Methode

- Das Öl in einem Topf erhitzen. Die Zwiebeln bei mittlerer Hitze goldbraun braten. Hähnchen, Garam Masala, Kurkuma und Salz hinzufügen. 5 Minuten braten.
- Die Tomaten hinzufügen. Gut vermischen und bei schwacher Hitze 30–40 Minuten kochen lassen. Mit Korianderblättern und Eiern garnieren. Heiß servieren.

Huhn mit Ajowan-Samen

für 4 Personen

Zutaten

3 Esslöffel raffiniertes Pflanzenöl

1½ Teelöffel Ajowansamen

2 große Zwiebeln, fein gehackt

1 Teelöffel Ingwerpaste

1 Teelöffel Knoblauchpaste

4 Tomaten, fein gehackt

2 Teelöffel gemahlener Koriander

1 Teelöffel Chilipulver

1 Teelöffel Kurkuma

1 kg Hähnchen, in 8 Stücke geschnitten

250 ml/8 Flüssigunzen Wasser

Saft von 1 Zitrone

1 Teelöffel Garam Masala

Salz nach Geschmack

Methode

- Das Öl in einem Topf erhitzen. Fügen Sie die Ajowansamen hinzu. Lassen Sie sie 15 Sekunden lang brutzeln.
- Die Zwiebeln dazugeben und bei mittlerer Hitze goldbraun braten. Ingwerpaste, Knoblauchpaste und Tomaten hinzufügen. 3 Minuten braten, dabei gelegentlich umrühren.
- Alle restlichen Zutaten hinzufügen. Gut vermischen und mit einem Deckel abdecken. 40 Minuten köcheln lassen und heiß servieren.

Spinat-Hühnchen-Tikka

für 4 Personen

Zutaten

1 kg Hähnchen ohne Knochen, in 16 Stücke geschnitten

2 Esslöffel Butter

1 Teelöffel Chaat Masala*

2 Esslöffel Zitronensaft

Für die Marinade:

100 g Spinat, gehackt

50 g Korianderblätter, gemahlen

1 Teelöffel Ingwerpaste

1 Teelöffel Knoblauchpaste

200 g Joghurt

1½ Teelöffel Garam Masala

Methode

- Alle Zutaten für die Marinade vermischen. Marinieren Sie das Huhn mit dieser Mischung 2 Stunden lang.
- Das Hähnchen mit Ghee beträufeln und im Ofen bei 200 °C (400 °F, Gas Stufe 6) 45 Minuten braten. Chaat

Masala und Zitronensaft darüber streuen. Heiß servieren.

Yakhni-Huhn

(Hähnchen nach Kaschmir-Art)

für 4 Personen

Zutaten

3 Esslöffel raffiniertes Pflanzenöl

1 kg Hähnchen, in 8 Stücke geschnitten

400 g Joghurt

125g/4½oz Besan*

2 Nägel

2,5 cm Zimt

6 Pfefferkörner

1 Teelöffel gemahlener Ingwer

2 Teelöffel gemahlener Fenchel

Salz nach Geschmack

250 ml/8 Flüssigunzen Wasser

50 g gehackte Korianderblätter

Methode

- Die Hälfte des Öls in einer Bratpfanne erhitzen. Die Hähnchenteile dazugeben und bei mittlerer Hitze goldbraun braten. Beiseite legen.
- Den Joghurt mit dem Besan verrühren, bis eine dicke Paste entsteht. Beiseite legen.
- Restliches Öl in einem Topf erhitzen. Nelken, Zimt, Pfefferkörner, gemahlenen Ingwer, gemahlenen Fenchel und Salz hinzufügen. 4-5 Minuten braten.
- Das gebratene Hähnchen, Wasser und Joghurtpaste hinzufügen. Gut vermischen und 40 Minuten köcheln lassen. Mit Korianderblättern garnieren. Heiß servieren.

scharfes Hühnchen

für 4 Personen

Zutaten

3 Esslöffel raffiniertes Pflanzenöl

4 grüne Chilischoten, fein gehackt

1 Teelöffel Ingwerpaste

1 Teelöffel Knoblauchpaste

3 große Zwiebeln, in Scheiben geschnitten

250 ml/8 Flüssigunzen Wasser

750 g/1 Pfund 10 Unzen Hähnchen ohne Knochen, gehackt

2 große grüne Paprika, julieniert

2 Esslöffel Sojasauce

30 g gehackte Korianderblätter

Salz nach Geschmack

Methode

- Das Öl in einem Topf erhitzen. Grüne Chilischoten, Ingwerpaste, Knoblauchpaste und Zwiebeln hinzufügen. Bei mittlerer Hitze 3-4 Minuten braten.
- Wasser und Hühnchen hinzufügen. 20 Minuten köcheln lassen.

- Alle restlichen Zutaten hinzufügen und 20 Minuten kochen lassen. Heiß servieren.

Pfefferhuhn

für 4 Personen

Zutaten

4 Esslöffel raffiniertes Pflanzenöl

3 große Zwiebeln, fein gehackt

6 Knoblauchzehen, fein gehackt

1 kg Hähnchen, in 12 Stücke geschnitten

3 Teelöffel gemahlener Koriander

2½ Teelöffel frisch gemahlener schwarzer Pfeffer

½ Teelöffel Kurkuma

Salz nach Geschmack

250 ml/8 Flüssigunzen Wasser

Saft von 1 Zitrone

50 g gehackte Korianderblätter

Methode

- Das Öl in einem Topf erhitzen. Zwiebeln und Knoblauch dazugeben und bei mittlerer Hitze goldbraun braten.
- Fügen Sie das Huhn hinzu. 5 Minuten braten, dabei häufig umrühren.
- Gemahlenen Koriander, Pfeffer, Kurkuma und Salz hinzufügen. 3-4 Minuten braten.

- Wasser angießen, gut vermischen und mit einem Deckel abdecken. 40 Minuten köcheln lassen.
- Mit Zitronensaft und Korianderblättern garnieren. Heiß servieren.

Huhn mit Feigen

für 4 Personen

Zutaten

4 Esslöffel raffiniertes Pflanzenöl

2 große Zwiebeln, fein gehackt

1 Teelöffel Ingwerpaste

1 Teelöffel Knoblauchpaste

1 kg Hähnchen, in 12 Stücke geschnitten

250 ml/8 Flüssigunzen warmes Wasser

200 g Tomatenpüree

Salz nach Geschmack

2 Teelöffel Malzessig

12 getrocknete Feigen, 2 Stunden eingeweicht

Methode

- Das Öl in einer Bratpfanne erhitzen. Fügen Sie die Zwiebeln hinzu. Bei mittlerer Hitze braten, bis sie transparent sind. Ingwerpaste und Knoblauchpaste hinzufügen. 2-3 Minuten braten.
- Hühnchen und Wasser hinzufügen. Mit einem Deckel abdecken und 30 Minuten köcheln lassen.

- Tomatenpüree, Salz und Essig hinzufügen. Gut mischen. Die Feigen abtropfen lassen und zur Hühnermischung geben. 8-10 Minuten köcheln lassen. Heiß servieren.

Würziges Lammfleisch in Joghurt und Safran

für 4 Personen

Zutaten

5 Esslöffel Butter

1 Teelöffel Ingwerpaste

1 Teelöffel Knoblauchpaste

675 g Lammfleisch ohne Knochen, in 3,5 cm große Stücke geschnitten

Salz nach Geschmack

750 ml/1¼ Pints Wasser

4 große Zwiebeln, in Scheiben geschnitten

1 Teelöffel Chilipulver

1 Teelöffel Garam Masala

1 Esslöffel brauner Zucker, aufgelöst in 2 Esslöffel Wasser

3 grüne Chilischoten, der Länge nach geschnitten

30 g gemahlene Mandeln

400 g griechischer Joghurt, geschüttelt

10 g Korianderblätter, fein gehackt

½ Teelöffel Safran, aufgelöst in 2 Esslöffel Milch

Methode

- Die Hälfte des Ghees in einem Topf erhitzen. Ingwerpaste und Knoblauchpaste hinzufügen. Bei mittlerer Hitze 1-2 Minuten braten.

- Lammfleisch und Salz hinzufügen. 5-6 Minuten braten.

- Das Wasser hinzufügen und gut vermischen. Mit einem Deckel abdecken und 40 Minuten köcheln lassen, dabei gelegentlich umrühren. Beiseite legen.

- Das restliche Ghee in einem anderen Topf erhitzen. Die Zwiebeln dazugeben und bei mittlerer Hitze anbraten, bis sie glasig werden.

- Chilipulver, Garam Masala, Zuckerwasser, grüne Chilis und gemahlene Mandeln hinzufügen. Eine Minute lang weiterbraten.

- Den Joghurt dazugeben und gut vermischen. Kochen Sie die Mischung 6-7 Minuten lang und rühren Sie gut um.

- Fügen Sie diese Mischung der Lammmischung hinzu. Gut mischen. Mit einem Deckel abdecken und 5 Minuten köcheln lassen, dabei gelegentlich umrühren.

- Mit Korianderblättern und Safran garnieren. Heiß servieren.

Lamm mit Gemüse

für 4 Personen

Zutaten

675 g Lammfleisch, in 2,5 cm große Stücke geschnitten

Salz nach Geschmack

½ Teelöffel gemahlener schwarzer Pfeffer

5 Esslöffel raffiniertes Pflanzenöl

2 Lorbeerblätter

4 grüne Kardamomkapseln

4 Nägel

2,5 cm Zimt

2 große Zwiebeln, fein gehackt

1 Teelöffel Kurkuma

1 Esslöffel gemahlener Kreuzkümmel

1 Teelöffel Chilipulver

1 Teelöffel Ingwerpaste

1 Teelöffel Knoblauchpaste

2 Tomaten, fein gehackt

200 g Erbsen

1 Teelöffel Bockshornkleesamen

200 g Blumenkohlröschen

500 ml/16 Flüssigunzen Wasser

200 g Joghurt

10 g Korianderblätter, fein gehackt

Methode

- Das Lammfleisch 30 Minuten lang mit Salz und Pfeffer marinieren.

- Das Öl in einem Topf erhitzen. Lorbeerblätter, Kardamom, Nelken und Zimt hinzufügen. Lassen Sie sie 30 Sekunden lang brutzeln.

- Zwiebeln, Kurkuma, gemahlenen Kreuzkümmel, Chilipulver, Ingwerpaste und Knoblauchpaste hinzufügen. Bei mittlerer Hitze 1-2 Minuten braten.

- Das marinierte Lamm dazugeben und unter gelegentlichem Rühren 6-7 Minuten braten.

- Tomaten, Erbsen, Bockshornkleesamen und Blumenkohlröschen hinzufügen. 3-4 Minuten anbraten.

- Das Wasser hinzufügen und gut vermischen. Mit einem Deckel abdecken und 20 Minuten köcheln lassen.

- Decken Sie die Pfanne ab und fügen Sie den Joghurt hinzu. Eine Minute lang gut umrühren, wieder abdecken und 30 Minuten köcheln lassen, dabei gelegentlich umrühren.

- Mit Korianderblättern garnieren. Heiß servieren.

Rindfleischcurry mit Kartoffeln

für 4 Personen

Zutaten

6 schwarze Pfefferkörner

3 Nägel

2 schwarze Kardamomkapseln

2,5 cm Zimt

1 Teelöffel Kreuzkümmelsamen

4 Esslöffel raffiniertes Pflanzenöl

3 große Zwiebeln, fein gehackt

¼ Teelöffel Kurkuma

1 Teelöffel Chilipulver

1 Teelöffel Ingwerpaste

1 Teelöffel Knoblauchpaste

750 g/1 Pfund 10 Unzen Rindfleisch, gehackt

2 Tomaten, fein gehackt

3 große Kartoffeln, in Würfel geschnitten

½ Teelöffel Garam Masala

1 Esslöffel Zitronensaft

Salz nach Geschmack

1 Liter/1¾ Pints Wasser

1 Esslöffel Korianderblätter, fein gehackt

Methode

- Pfefferkörner, Nelken, Kardamom, Zimt und Kreuzkümmel zu einem feinen Pulver mahlen. Beiseite legen.

- Das Öl in einem Topf erhitzen. Die Zwiebeln dazugeben und bei mittlerer Hitze goldbraun braten.

- Gemahlenes Nelkenpulver und Pfefferkörner, Kurkuma, Chilipulver, Ingwerpaste und Knoblauchpaste hinzufügen. Eine Minute braten.

- Das Hackfleisch dazugeben und 5-6 Minuten anbraten.

- Tomaten, Kartoffeln und Garam Masala hinzufügen. Gut vermischen und 5-6 Minuten kochen lassen.

- Zitronensaft, Salz und Wasser hinzufügen. Mit einem Deckel abdecken und 45 Minuten köcheln lassen, dabei gelegentlich umrühren.

- Mit Korianderblättern garnieren. Heiß servieren.

Würziges Lamm-Masala

für 4 Personen

Zutaten

675 g Lammfleisch, gewürfelt

3 große Zwiebeln, in Scheiben geschnitten

750 ml/1¼ Pints Wasser

Salz nach Geschmack

4 Esslöffel raffiniertes Pflanzenöl

4 Lorbeerblätter

¼ Teelöffel Kreuzkümmel

¼ Teelöffel Senfkörner

1 Teelöffel Ingwerpaste

1 Teelöffel Knoblauchpaste

2 grüne Chilischoten, fein gehackt

1 Esslöffel Erdnüsse, gemahlen

1 Esslöffel Chana Dhal*, trocken geröstet und gemahlen

1 Teelöffel Chilipulver

¼ Teelöffel Kurkuma

1 Teelöffel Garam Masala

Saft von 1 Zitrone

50 g Korianderblätter, fein gehackt

Methode

- Das Lammfleisch mit den Zwiebeln, Wasser und Salz vermischen. Diese Mischung in einem Topf bei mittlerer Hitze 40 Minuten kochen. Beiseite legen.

- Das Öl in einem Topf erhitzen. Lorbeerblätter, Kreuzkümmel und Senfkörner hinzufügen. Lassen Sie sie 30 Sekunden lang brutzeln.

- Ingwerpaste, Knoblauchpaste und grüne Chilis hinzufügen. Bei mittlerer Hitze unter ständigem Rühren eine Minute braten.

- Gemahlene Erdnüsse, Chana Dhal, Chilipulver, Kurkuma und Garam Masala hinzufügen. 1-2 Minuten weiterbraten.

- Lammmischung hinzufügen. Gut mischen. Mit einem Deckel abdecken und 45 Minuten köcheln lassen, dabei gelegentlich umrühren.

- Den Zitronensaft und die Korianderblätter darüber streuen und heiß servieren.

Rogan Josh

(Kaschmirisches Lamm-Curry)

für 4 Personen

Zutaten

Saft von 1 Zitrone

200 g Joghurt

Salz nach Geschmack

1 lb/750 g 10 oz Lammfleisch, in 1 Zoll/2,5 cm große Stücke geschnitten

75 g Ghee plus etwas Ghee zum Braten

2 große Zwiebeln, in dünne Scheiben geschnitten

2,5 cm Zimt

3 Nägel

4 grüne Kardamomkapseln

1 Teelöffel Ingwerpaste

1 Teelöffel Knoblauchpaste

1 Teelöffel gemahlener Koriander

1 Teelöffel gemahlener Kreuzkümmel

3 große Tomaten, fein gehackt

750 ml/1¼ Pints Wasser

10 g Korianderblätter, fein gehackt

Methode

- Zitronensaft, Joghurt und Salz verrühren. Marinieren Sie das Lamm mit dieser Mischung eine Stunde lang.

- Ghee zum Braten in einer Pfanne erhitzen. Die Zwiebeln dazugeben und bei mittlerer Hitze goldbraun braten. Abgießen und aufbewahren.

- Restliches Ghee in einem Topf erhitzen. Zimt, Nelken und Kardamom hinzufügen. Lassen Sie sie 15 Sekunden lang brutzeln.

- Das marinierte Lamm dazugeben und bei mittlerer Hitze 6-7 Minuten braten.

- Ingwerpaste und Knoblauchpaste hinzufügen. 2 Minuten anbraten.

- Den gemahlenen Koriander, den gemahlenen Kreuzkümmel und die Tomaten dazugeben, gut vermischen und eine weitere Minute kochen lassen.

- Fügen Sie das Wasser hinzu. Mit einem Deckel abdecken und 40 Minuten köcheln lassen, dabei gelegentlich umrühren.

- Mit Korianderblättern und Röstzwiebeln garnieren. Heiß servieren.

Gegrillte Schweinerippchen

für 4 Personen

Zutaten

6 grüne Chilis

5 cm Ingwerwurzel

15 Knoblauchzehen

¼ kleine rohe Papaya, zerkleinert

200 g Joghurt

2 Esslöffel raffiniertes Pflanzenöl

2 Esslöffel Zitronensaft

Salz nach Geschmack

750 g/1 lb 10 oz Schweinerippchen, in 4 Stücke geschnitten

Methode

- Mahlen Sie grüne Chilis, Ingwer, Knoblauch und rohe Papaya mit ausreichend Wasser, um eine dicke Paste zu bilden.

- Mischen Sie diese Nudeln mit den anderen Zutaten, außer den Rippchen. Marinieren Sie die Rippchen mit dieser Mischung 4 Stunden lang.

- Die marinierten Rippchen 40 Minuten lang grillen, dabei gelegentlich wenden. Heiß servieren.

Rindfleisch mit Kokosmilch

für 4 Personen

Zutaten

5 Esslöffel raffiniertes Pflanzenöl

675 g Rindfleisch, in 5 cm breite Streifen geschnitten

3 große Zwiebeln, fein gehackt

8 Knoblauchzehen, fein gehackt

2,5 cm Ingwerwurzel, fein gehackt

2 grüne Chilischoten, der Länge nach geschnitten

2 Teelöffel gemahlener Koriander

2 Teelöffel gemahlener Kreuzkümmel

2,5 cm Zimt

Salz nach Geschmack

500 ml/16 Flüssigunzen Wasser

500 ml Kokosmilch

Methode

- 3 Esslöffel Öl in einer Bratpfanne erhitzen. Die Rindfleischstreifen portionsweise dazugeben und bei schwacher Hitze 12–15 Minuten braten, dabei gelegentlich wenden. Abgießen und aufbewahren.

- Restliches Öl in einem Topf erhitzen. Zwiebeln, Knoblauch, Ingwer und grüne Chilis hinzufügen. Bei mittlerer Hitze 2-3 Minuten braten.

- Die gebratenen Rindfleischstreifen, gemahlenen Koriander, gemahlenen Kreuzkümmel, Zimt, Salz und Wasser hinzufügen. 40 Minuten köcheln lassen.

- Die Kokosmilch hinzufügen. 20 Minuten kochen lassen, dabei häufig umrühren. Heiß servieren.

Schweinefleischspieß

für 4 Personen

Zutaten

100 ml Senföl

3 Esslöffel Zitronensaft

1 kleine Zwiebel, gehackt

2 Teelöffel Knoblauchpaste

1 Teelöffel Senfpulver

1 Teelöffel gemahlener schwarzer Pfeffer

Salz nach Geschmack

600 g Schweinefleisch ohne Knochen, in 3,5 cm große Stücke geschnitten

Methode

- Alle Zutaten außer Schweinefleisch vermischen. Mit dieser Mischung das Schweinefleisch über Nacht marinieren.

- Das marinierte Schweinefleisch aufspießen und 30 Minuten grillen. Heiß servieren.

Rindfleisch-Chili-Frites

für 4 Personen

Zutaten

750 g/1 lb 10 oz Rindfleisch, in 2,5 cm/1 Zoll große Stücke geschnitten

6 schwarze Pfefferkörner

3 große Zwiebeln, in Scheiben geschnitten

1 Liter/1¾ Pints Wasser

Salz nach Geschmack

4 Esslöffel raffiniertes Pflanzenöl

2,5 cm Ingwerwurzel, fein gehackt

8 Knoblauchzehen, fein gehackt

4 grüne Chilis

1 Esslöffel Zitronensaft

50 g Korianderblätter

Methode

- Das Fleisch mit den Pfefferkörnern, 1 Zwiebel, Wasser und Salz vermischen. Diese Mischung in einem Topf bei mittlerer Hitze 40 Minuten kochen. Abgießen und aufbewahren. Die Brühe aufbewahren.

- Das Öl in einem Topf erhitzen. Die restlichen Zwiebeln bei mittlerer Hitze goldbraun braten. Ingwer, Knoblauch und grüne Chilis hinzufügen. 4-5 Minuten braten.

- Zitronensaft und Fleischmischung hinzufügen. 7–8 Minuten weiterkochen. Die reservierte Brühe hinzufügen.

- Mit einem Deckel abdecken und 40 Minuten köcheln lassen, dabei gelegentlich umrühren. Korianderblätter hinzufügen und gut vermischen. Heiß servieren.

Scotch-Eier vom Rind

für 4 Personen

Zutaten

500 g/1 Pfund 2 Unzen gehacktes Rindfleisch

Salz nach Geschmack

1 Liter/1¾ Pints Wasser

3 Esslöffel Besan*

1 Ei, geschlagen

25 g/ein paar 1 oz Minzblätter, fein gehackt

25 g Korianderblätter, gehackt

8 hartgekochte Eier

Raffiniertes Pflanzenöl zum Braten

Methode

- Das Fleisch mit Salz und Wasser vermischen. In einem Topf bei schwacher Hitze 45 Minuten kochen lassen. Zu einer Paste zermahlen und mit Besan, geschlagenem Ei, Minze und Korianderblättern vermischen. Wickeln Sie diese Mischung um die gekochten Eier.
- Das Öl in einer Bratpfanne erhitzen. Die eingewickelten Eier dazugeben und bei mittlerer Hitze goldbraun braten. Heiß servieren.

Getrocknetes Rindfleisch nach Malabar-Art

für 4 Personen

Zutaten

675 g Rindfleisch, gewürfelt

4 Esslöffel raffiniertes Pflanzenöl

3 große Zwiebeln, in Scheiben geschnitten

1 Tomate, fein gehackt

100 g/3½ oz getrocknete Kokosnuss

1 Teelöffel Chilipulver

1 Teelöffel Garam Masala

1 Teelöffel gemahlener Koriander

1 Teelöffel gemahlener Kreuzkümmel

Salz nach Geschmack

1 Liter/1¾ Pints Wasser

Für die Gewürzmischung:

3,5 cm Ingwerwurzel

6 grüne Chilis

1 Esslöffel gemahlener Koriander

10 Curryblätter

1 Esslöffel Knoblauchpaste

Methode

- Alle Zutaten der Gewürzmischung zu einer dicken Paste vermahlen. Das Fleisch mit dieser Mischung eine Stunde lang marinieren.
- Das Öl in einem Topf erhitzen. Die Zwiebeln bei mittlerer Hitze goldbraun braten. Das Fleisch dazugeben und 6-7 Minuten braten.
- Restliche Zutaten hinzufügen. 40 Minuten köcheln lassen und heiß servieren.

Moghlai-Lammkoteletts

für 4 Personen

Zutaten

5 cm Ingwerwurzel

8 Knoblauchzehen

6 getrocknete rote Chilis

2 Teelöffel Zitronensaft

Salz nach Geschmack

8 Lammkoteletts, zerstoßen und flachgedrückt

150 g Butter

2 große Kartoffeln, in Scheiben geschnitten und gebraten

2 große Zwiebeln

Methode

- Ingwer, Knoblauch und rote Chilischoten mit Zitronensaft, Salz und ausreichend Wasser zu einer glatten Paste zermahlen. Marinieren Sie die Koteletts mit dieser Mischung 4–5 Stunden lang.
- Das Ghee in einer Pfanne erhitzen. Die marinierten Koteletts dazugeben und bei mittlerer Hitze 8-10 Minuten braten.
- Zwiebeln und Pommes frites hinzufügen. 15 Minuten kochen lassen. Heiß servieren.

Rindfleisch mit Okra

für 4 Personen

Zutaten

4½ Esslöffel raffiniertes Pflanzenöl

200 g Okra

2 große Zwiebeln, fein gehackt

2,5 cm Ingwerwurzel, fein gehackt

4 Knoblauchzehen, fein gehackt

750 g/1 lb 10 oz Rindfleisch, in 2,5 cm/1 Zoll große Stücke geschnitten

4 getrocknete rote Chilis

1 Esslöffel gemahlener Koriander

½ Esslöffel gemahlener Kreuzkümmel

1 Teelöffel Garam Masala

2 Tomaten, fein gehackt

Salz nach Geschmack

1 Liter/1¾ Pints Wasser

Methode

- 2 Esslöffel Öl in einer Bratpfanne erhitzen. Die Okra hinzufügen und bei mittlerer Hitze knusprig und goldbraun braten. Abgießen und aufbewahren.
- Restliches Öl in einem Topf erhitzen. Die Zwiebeln bei mittlerer Hitze glasig braten. Ingwer und Knoblauch hinzufügen. Eine Minute braten.
- Rindfleisch hinzufügen. 5-6 Minuten braten. Alle restlichen Zutaten und Okra hinzufügen. 40 Minuten köcheln lassen, dabei häufig umrühren. Heiß servieren.

Rindfleisch

(Rindfleisch gekocht mit Kokosnuss und Essig)

für 4 Personen

Zutaten

675 g Rindfleisch, gewürfelt

Salz nach Geschmack

1 Liter/1¾ Pints Wasser

1 Teelöffel Kurkuma

½ Teelöffel schwarze Pfefferkörner

½ Teelöffel Kreuzkümmelsamen

5-6 Zähne

2,5 cm Zimt

12 Knoblauchzehen, fein gehackt

2,5 cm Ingwerwurzel, fein gehackt

100 g frische Kokosnuss, gerieben

6 Esslöffel Malzessig

5 Esslöffel raffiniertes Pflanzenöl

2 große Zwiebeln, fein gehackt

Methode

- Das Fleisch mit Salz und Wasser vermischen und in einem Topf bei mittlerer Hitze 45 Minuten garen, dabei gelegentlich umrühren. Beiseite legen.
- Die restlichen Zutaten außer Öl und Zwiebeln vermahlen.
- Das Öl in einem Topf erhitzen. Die gemahlene Mischung und die Zwiebeln hinzufügen.
- Bei mittlerer Hitze 3-4 Minuten braten. Fleischmischung hinzufügen. 20 Minuten köcheln lassen, dabei gelegentlich umrühren. Heiß servieren.

Gott Badami

(Lamm mit Mandeln)

für 4 Personen

Zutaten

5 Esslöffel Butter

3 große Zwiebeln, fein gehackt

12 Knoblauchzehen, zerdrückt

3,5 cm/1½ Zoll Ingwerwurzel, fein gehackt

750 g Lammfleisch, gehackt

75 g gemahlene Mandeln

1 Esslöffel Garam Masala

Salz nach Geschmack

250 g Joghurt

360 ml Kokosmilch

500 ml/16 Flüssigunzen Wasser

Methode

- Ghee in einem Topf erhitzen. Alle Zutaten außer Joghurt, Kokosmilch und Wasser hinzufügen. Gut mischen. Bei schwacher Hitze 10 Minuten anbraten.
- Restliche Zutaten hinzufügen. 40 Minuten köcheln lassen. Heiß servieren.

Indisches Bratenfleisch

für 4 Personen

Zutaten

30 g Cheddar-Käse, gerieben

½ Teelöffel gemahlener schwarzer Pfeffer

1 Teelöffel Chilipulver

10 g gehackte Korianderblätter

10 g Minzblätter, fein gehackt

1 Teelöffel Ingwerpaste

1 Teelöffel Knoblauchpaste

25 g/nur 1 Unze Semmelbrösel

1 Ei, geschlagen

Salz nach Geschmack

675 g/1½ Pfund Rindfleisch ohne Knochen, flachgedrückt und in 8 Stücke geschnitten

5 Esslöffel raffiniertes Pflanzenöl

500 ml/16 Flüssigunzen Wasser

Methode

- Alle Zutaten außer Fleisch, Öl und Wasser vermischen.
- Tragen Sie diese Mischung auf eine Seite jedes Fleischstücks auf. Rollen Sie jedes einzeln auf und binden Sie es mit Bindfaden zusammen, um es zu verschließen.
- Das Öl in einem Topf erhitzen. Die Brötchen dazugeben und bei mittlerer Hitze 8 Minuten braten. Das Wasser hinzufügen und gut vermischen. 30 Minuten köcheln lassen. Heiß servieren.

Khatta Pudina-Koteletts

(würzige Minzkoteletts)

für 4 Personen

Zutaten

1 Teelöffel gemahlener Kreuzkümmel

1 Esslöffel gemahlener weißer Pfeffer

2 Teelöffel Garam Masala

5 Teelöffel Zitronensaft

4 Esslöffel flüssige Sahne

150 g Joghurt

250 ml Minz-Chutney

2 Esslöffel Maismehl

¼ kleine Papaya, zerkleinert

1 Esslöffel Knoblauchpaste

1 Esslöffel Ingwerpaste

1 Teelöffel gemahlener Bockshornklee

Salz nach Geschmack

675 g Lammkoteletts

Raffiniertes Pflanzenöl zum Beträufeln

Methode

- Alle Zutaten außer den Lammkoteletts und dem Öl vermischen. Die Koteletts mit dieser Mischung 5 Stunden lang marinieren.
- Die Koteletts mit Öl beträufeln und 15 Minuten grillen. Heiß servieren.

Indisches Rindersteak

für 4 Personen

Zutaten

675 g/1½ Pfund Rindfleisch, in Scheiben geschnitten für Steaks

3,5 cm/1½ Zoll Ingwerwurzel, fein gehackt

12 Knoblauchzehen, fein gehackt

2 Esslöffel gemahlener schwarzer Pfeffer

4 mittelgroße Zwiebeln, fein gehackt

4 grüne Chilischoten, fein gehackt

3 Esslöffel Essig

750 ml/1¼ Pints Wasser

Salz nach Geschmack

5 Esslöffel raffiniertes Pflanzenöl plus Extra zum Braten

Methode

- Alle Zutaten außer dem Frittieröl in einem Topf vermischen.
- Mit einem dicht schließenden Deckel abdecken und 45 Minuten köcheln lassen, dabei gelegentlich umrühren.
- Restliches Öl in einer Bratpfanne erhitzen. Die gekochte Filetmischung dazugeben und bei mittlerer Hitze 5–7 Minuten anbraten, dabei gelegentlich wenden. Heiß servieren.

Lammfleisch in grüner Soße

für 4 Personen

Zutaten

4 Esslöffel raffiniertes Pflanzenöl

3 große Zwiebeln, gerieben

1½ Teelöffel Ingwerpaste

1 Teelöffel Knoblauchpaste

675 g Lammfleisch, in 2,5 cm große Stücke geschnitten

½ Teelöffel gemahlener Zimt

½ Teelöffel gemahlene Nelken

½ Teelöffel gemahlener schwarzer Kardamom

6 getrocknete rote Chilis, gemahlen

2 Teelöffel gemahlener Koriander

½ Teelöffel gemahlener Kreuzkümmel

10 g Korianderblätter, fein gehackt

4 Tomaten, püriert

Salz nach Geschmack

500 ml/16 Flüssigunzen Wasser

Methode

- Das Öl in einem Topf erhitzen. Zwiebeln, Ingwerpaste und Knoblauchpaste hinzufügen. Bei mittlerer Hitze 2-3 Minuten braten.

- Alle restlichen Zutaten außer Wasser hinzufügen. Gut vermischen und 8-10 Minuten braten. Fügen Sie das Wasser hinzu. Mit einem Deckel abdecken und 40 Minuten köcheln lassen, dabei gelegentlich umrühren. Heiß servieren.

Einfaches Lammhackfleisch

für 4 Personen

Zutaten

3 Esslöffel Senföl

2 große Zwiebeln, fein gehackt

7,5 cm Ingwerwurzel, fein gehackt

2 Teelöffel grob gemahlener schwarzer Pfeffer

2 Teelöffel gemahlener Kreuzkümmel

Salz nach Geschmack

1 Teelöffel Kurkuma

750 g/1 Pfund 10 Unzen gehacktes Lammfleisch

500 ml/16 Flüssigunzen Wasser

Methode

- Das Öl in einem Topf erhitzen. Zwiebeln, Ingwer, Pfeffer, gemahlenen Kreuzkümmel, Salz und Kurkuma hinzufügen. 2 Minuten braten. Das Hackfleisch hinzufügen. 8-10 Minuten braten.
- Fügen Sie das Wasser hinzu. Gut vermischen und 30 Minuten köcheln lassen. Heiß servieren.

Schweinefleisch-Sorpotel

(Schweineleber gekocht in Goa-Sauce)

für 4 Personen

Zutaten

250 ml Malzessig

8 getrocknete rote Chilis

10 schwarze Pfefferkörner

1 Teelöffel Kreuzkümmelsamen

1 Esslöffel Koriandersamen

1 Teelöffel Kurkuma

500 g Schweinefleisch

250g/9oz Leber

Salz nach Geschmack

1 Liter/1¾ Pints Wasser

120 ml raffiniertes Pflanzenöl

5 cm Ingwerwurzel, in dünne Scheiben geschnitten

20 Knoblauchzehen, fein gehackt

6 grüne Chilischoten, der Länge nach geschnitten

Methode

- Die Hälfte des Essigs mit roten Chilis, Pfefferkörnern, Kreuzkümmel, Koriandersamen und Kurkuma zu einer feinen Paste vermahlen. Beiseite legen.
- Schweinefleisch und Leber mit Salz und Wasser vermischen. 30 Minuten in einem Topf kochen. Die Brühe abgießen und auffangen. Schweinefleisch und Leber würfeln. Beiseite legen.
- Das Öl in einem Topf erhitzen. Das gehackte Fleisch dazugeben und bei schwacher Hitze 12 Minuten braten. Fügen Sie die Nudeln und alle restlichen Zutaten hinzu. Gut mischen.
- 15 Minuten braten. Die Brühe hinzufügen. 15 Minuten köcheln lassen. Heiß servieren.

Eingelegtes Lamm

für 4 Personen

Zutaten

750 g Lammfleisch, in dünne Streifen geschnitten

Salz nach Geschmack

1 Liter/1¾ Pints Wasser

6 Esslöffel raffiniertes Pflanzenöl

1 Teelöffel Kurkuma

4 Esslöffel Zitronensaft

2 Esslöffel gemahlener Kreuzkümmel, trocken geröstet

4 Esslöffel gemahlene Sesamkörner

7,5 cm Ingwerwurzel, fein gehackt

12 Knoblauchzehen, fein gehackt

Methode

- Das Lammfleisch mit Salz und Wasser vermischen und in einem Topf bei mittlerer Hitze 40 Minuten garen. Abgießen und aufbewahren.
- Das Öl in einer Bratpfanne erhitzen. Das Lamm dazugeben und bei mittlerer Hitze 10 Minuten braten. Abgießen und mit den restlichen Zutaten vermischen. Kalt servieren.

Halem

(Lammfleisch nach persischer Art zubereitet)

für 4 Personen

Zutaten

500 g Weizen, 2–3 Stunden eingeweicht und abgetropft

1,5 Liter/2¾ Pints Wasser

Salz nach Geschmack

500 g Lammfleisch, gewürfelt

4-5 Esslöffel Butter

3 große Zwiebeln, in Scheiben geschnitten

1 Teelöffel Ingwerpaste

1 Teelöffel Knoblauchpaste

1 Teelöffel Kurkuma

1 Teelöffel Garam Masala

Methode

- Mischen Sie den Weizen mit 250 ml Wasser und etwas Salz. In einem Topf bei mittlerer Hitze 30 Minuten kochen lassen. Gut zerdrücken und aufbewahren.
- Das Lammfleisch mit dem restlichen Wasser und Salz in einem Topf 45 Minuten kochen. Abgießen und mahlen, bis eine feine Paste entsteht. Die Brühe aufbewahren.
- Das Ghee erhitzen. Die Zwiebeln bei schwacher Hitze goldbraun braten. Ingwerpaste, Knoblauchpaste, Kurkuma und Hackfleisch hinzufügen. 8 Minuten braten. Weizen, Brühe und Garam Masala hinzufügen. 20 Minuten kochen lassen. Heiß servieren.

Grüne Masala-Lammkoteletts

für 4 Personen

Zutaten

1½ lb./675 g Lammkoteletts

Salz nach Geschmack

1 Teelöffel Kurkuma

500 ml/16 Flüssigunzen Wasser

2 Esslöffel gemahlener Koriander

1 Teelöffel gemahlener Kreuzkümmel

1 Esslöffel Ingwerpaste

1 Esslöffel Knoblauchpaste

100 g gemahlene Korianderblätter

1 Teelöffel Zitronensaft

1 Teelöffel gemahlener schwarzer Pfeffer

1 Teelöffel Garam Masala

60 g einfaches Weißmehl

Raffiniertes Pflanzenöl zum Braten

2 Eier, geschlagen

50 g Semmelbrösel

Methode

- Das Lammfleisch mit Salz, Kurkuma und Wasser vermischen. In einem Topf bei mittlerer Hitze 30 Minuten kochen lassen. Abgießen und aufbewahren.
- Die restlichen Zutaten außer Mehl, Öl, Eiern und Semmelbröseln vermischen.
- Bedecken Sie die Koteletts mit dieser Mischung und bestreuen Sie sie mit Mehl.
- Das Öl in einer Bratpfanne erhitzen. Die Schnitzel in das Ei tauchen, in Semmelbröseln wenden und goldbraun braten. Umdrehen und wiederholen. Heiß servieren.

Lammleber mit Bockshornklee

für 4 Personen

Zutaten

4 Esslöffel raffiniertes Pflanzenöl

2 große Zwiebeln, fein gehackt

¾ Teelöffel Ingwerpaste

¾ Teelöffel Knoblauchpaste

50 g Bockshornkleeblätter, gehackt

600 g Lammleber, gewürfelt

3 Tomaten, fein gehackt

1 Teelöffel Garam Masala

120 ml heißes Wasser

1 Esslöffel Zitronensaft

Salz nach Geschmack

Methode

- Das Öl in einem Topf erhitzen. Die Zwiebeln bei mittlerer Hitze glasig braten. Ingwerpaste und Knoblauchpaste hinzufügen. 1-2 Minuten braten.
- Bockshornkleeblätter und Leber hinzufügen. 5 Minuten anbraten.

- Restliche Zutaten hinzufügen. 40 Minuten köcheln lassen und heiß servieren.

Hussaini-Rindfleisch

(Rindfleisch in Soße nach nordindischer Art gekocht)

für 4 Personen

Zutaten

4 Esslöffel raffiniertes Pflanzenöl

1½ lbs/675 g Rindfleisch, fein gehackt

125 g Joghurt

Salz nach Geschmack

750 ml/1¼ Pints Wasser

Für die Gewürzmischung:

4 große Zwiebeln

8 Knoblauchzehen

2,5 cm Ingwerwurzel

2 Teelöffel Garam Masala

1 Teelöffel Kurkuma

2 Teelöffel gemahlener Koriander

1 Teelöffel gemahlener Kreuzkümmel

Methode

- Mahlen Sie die Zutaten der Gewürzmischung zu einer dicken Paste.
- Das Öl in einem Topf erhitzen. Die Nudeln dazugeben und bei mittlerer Hitze 4-5 Minuten braten. Rindfleisch hinzufügen. Gut vermischen und 8-10 Minuten braten.
- Joghurt, Salz und Wasser hinzufügen. Gut mischen. Mit einem Deckel abdecken und 40 Minuten köcheln lassen, dabei gelegentlich umrühren. Heiß servieren.

Lamm-Methi

(Lamm mit Bockshornklee)

für 4 Personen

Zutaten

120 ml raffiniertes Pflanzenöl

1 große Zwiebel, in dünne Scheiben geschnitten

6 Knoblauchzehen, fein gehackt

600 g Lammfleisch, gewürfelt

50 g frische Bockshornkleeblätter, fein gehackt

½ Teelöffel Kurkuma

1 Teelöffel gemahlener Koriander

125 g Joghurt

600 ml/1 Pint Wasser

½ Teelöffel gemahlener grüner Kardamom

Salz nach Geschmack

Methode
- Das Öl in einem Topf erhitzen. Zwiebel und Knoblauch dazugeben und bei mittlerer Hitze 4 Minuten anbraten.
- Fügen Sie das Lamm hinzu. 7-8 Minuten braten. Restliche Zutaten hinzufügen. Gut vermischen und 45 Minuten köcheln lassen. Heiß servieren.

Rindfleisch

(Rindfleisch gekocht in Soße nach ostindischer Art)

für 4 Personen

Zutaten

675 g Rinderhackfleisch

2,5 cm Zimt

6 Nägel

Salz nach Geschmack

1 Liter/1¾ Pints Wasser

5 Esslöffel raffiniertes Pflanzenöl

3 große Kartoffeln, in Scheiben geschnitten

Für die Gewürzmischung:

60 ml Malzessig

3 große Zwiebeln

2,5 cm Ingwerwurzel

8 Knoblauchzehen

½ Teelöffel Kurkuma

2 getrocknete rote Chilis

2 Teelöffel Kreuzkümmelsamen

Methode

- Das Fleisch mit Zimt, Nelken, Salz und Wasser vermischen. In einem Topf bei mittlerer Hitze 45 Minuten kochen lassen. Beiseite legen.
- Mahlen Sie die Zutaten der Gewürzmischung, bis eine dicke Paste entsteht.
- Das Öl in einem Topf erhitzen. Die gemischte Gewürzpaste dazugeben und bei schwacher Hitze 5-6 Minuten braten. Fleisch und Kartoffeln hinzufügen. Gut mischen. 15 Minuten köcheln lassen und heiß servieren.

Lammauflauf

für 4 Personen

Zutaten

3 Esslöffel raffiniertes Pflanzenöl

2 große Zwiebeln, fein gehackt

4 Knoblauchzehen, fein gehackt

500 g Lammfleisch, gehackt

2 Teelöffel gemahlener Kreuzkümmel

6 Esslöffel Tomatenpüree

150 g Bohnen aus der Dose

250 ml Rinderbrühe

Gemahlener schwarzer Pfeffer nach Geschmack

Salz nach Geschmack

Methode

- Das Öl in einem Topf erhitzen. Zwiebeln und Knoblauch dazugeben und bei mittlerer Hitze 2-3 Minuten anbraten. Das Hackfleisch dazugeben und 10 Minuten anbraten. Restliche Zutaten hinzufügen. Gut vermischen und 30 Minuten köcheln lassen.
- In eine Auflaufform geben. Im Ofen bei 180 °C (350 °F, Gas Stufe 4) 25 Minuten backen. Heiß servieren.

Lamm mit Kardamom

für 4 Personen

Zutaten

Salz nach Geschmack

200 g Joghurt

1½ Esslöffel Ingwerpaste

2½ Teelöffel Knoblauchpaste

2 Esslöffel gemahlener grüner Kardamom

675 g Lammfleisch, in 3,5 cm große Stücke geschnitten

6 Esslöffel Butter

6 Nägel

7,5 cm Zimt, grob gemahlen

4 große Zwiebeln, in dünne Scheiben geschnitten

½ Teelöffel Safran, eingeweicht in 2 Esslöffel Milch

1 Liter/1¾ Pints Wasser

125 g/4½ oz geröstete Walnüsse

Methode

- Salz, Joghurt, Ingwerpaste, Knoblauchpaste und Kardamom vermischen. Das Fleisch mit dieser Mischung 2 Stunden lang marinieren.
- Ghee in einem Topf erhitzen. Nelken und Zimt hinzufügen. Lassen Sie sie 15 Sekunden lang brutzeln.
- Fügen Sie die Zwiebeln hinzu. 3-4 Minuten braten. Mariniertes Fleisch, Safran und Wasser hinzufügen. Gut mischen. Mit einem Deckel abdecken und 40 Minuten köcheln lassen.
- Heiß servieren, garniert mit Walnüssen.

Kheema

(Hackfleisch)

für 4 Personen

Zutaten

5 Esslöffel raffiniertes Pflanzenöl

4 große Zwiebeln, fein gehackt

1 Teelöffel Ingwerpaste

1 Teelöffel Knoblauchpaste

3 Tomaten, fein gehackt

2 Teelöffel Garam Masala

200 g gefrorene Erbsen

Salz nach Geschmack

675 g Rinderhackfleisch

500 ml/16 Flüssigunzen Wasser

Methode

- Das Öl in einem Topf erhitzen. Die Zwiebeln dazugeben und bei mittlerer Hitze goldbraun braten. Ingwerpaste, Knoblauchpaste, Tomaten, Garam Masala, Erbsen und Salz hinzufügen. Gut mischen. 3-4 Minuten braten.
- Fleisch und Wasser hinzufügen. Gut mischen. 40 Minuten köcheln lassen und heiß servieren.

Würziges Schweinebraten

für 4 Personen

Zutaten

675 g Schweinefleisch, gewürfelt

2 große Zwiebeln, fein gehackt

1 Teelöffel raffiniertes Pflanzenöl

1 Liter/1¾ Pints Wasser

Salz nach Geschmack

Für die Gewürzmischung:

250 ml Essig

2 große Zwiebeln

1 Esslöffel Ingwerpaste

1 Esslöffel Knoblauchpaste

1 Esslöffel gemahlener schwarzer Pfeffer

1 Esslöffel grüne Chilis

1 Esslöffel Kurkuma

1 Esslöffel Chilipulver

1 Esslöffel Nelken

5 cm Zimt

1 Esslöffel grüne Kardamomkapseln

Methode

- Mahlen Sie die Zutaten der Gewürzmischung, bis eine dicke Paste entsteht.
- Mit den restlichen Zutaten in einem Topf vermischen. Mit einem dicht schließenden Deckel abdecken und 50 Minuten köcheln lassen. Heiß servieren.

Raan Tandoori

(Scharfe Lammkeule im Tandoor gegart)

für 4 Personen

Zutaten

675 g Lammkeule

400 g Joghurt

2 Esslöffel Zitronensaft

2 Teelöffel Ingwerpaste

2 Teelöffel Knoblauchpaste

1 Teelöffel gemahlene Nelken

1 Teelöffel gemahlener Zimt

2 Teelöffel Chilipulver

1 Teelöffel Muskatnuss, gerieben

Prise Muskatblüte

Salz nach Geschmack

Raffiniertes Pflanzenöl zum Beträufeln

Methode
- Das Lamm mit einer Gabel rundherum einstechen.
- Die restlichen Zutaten bis auf das Öl gut vermischen. Marinieren Sie das Lamm mit dieser Mischung 4–6 Stunden lang.
- Das Lamm im Ofen bei 180 °C (350 °F, Gas Stufe 4) 1½–2 Stunden braten, dabei gelegentlich begießen. Heiß servieren.

Talaa-Lamm

(Gebratenes Lamm)

für 4 Personen

Zutaten

675 g Lammfleisch, in 5 cm große Stücke geschnitten

Salz nach Geschmack

1 Liter/1¾ Pints Wasser

4 Esslöffel Butter

2 große Zwiebeln, in Scheiben geschnitten

Für die Gewürzmischung:

8 getrocknete Chilis

1 Teelöffel Kurkuma

1½ Esslöffel Garam Masala

2 Teelöffel Mohn

3 große Zwiebeln, fein gehackt

1 Teelöffel Tamarindenpaste

Methode

- Mahlen Sie die Zutaten der Gewürzmischung mit Wasser zu einer dicken Paste.
- Mischen Sie diese Paste mit dem Fleisch, Salz und Wasser. In einem Topf bei mittlerer Hitze 40 Minuten kochen lassen. Beiseite legen.
- Ghee in einem Topf erhitzen. Die Zwiebeln dazugeben und bei mittlerer Hitze goldbraun braten. Fleischmischung hinzufügen. 6-7 Minuten köcheln lassen und heiß servieren.

gedünstete Zunge

für 4 Personen

Zutaten

900 g/2 Pfund Rinderzunge

Salz nach Geschmack

1 Liter/1¾ Pints Wasser

1 Teelöffel Butter

3 große Zwiebeln, fein gehackt

5 cm Ingwerwurzel, julieniert

4 Tomaten, fein gehackt

125 g gefrorene Erbsen

10 g Minzblätter, fein gehackt

1 Teelöffel Malzessig

1 Teelöffel gemahlener schwarzer Pfeffer

½ Esslöffel Garam Masala

Methode

- Legen Sie die Zunge mit Salz und Wasser in einen Topf und kochen Sie sie bei mittlerer Hitze 45 Minuten lang. Abtropfen lassen und eine Weile abkühlen lassen. Die Haut schälen und in Streifen schneiden. Beiseite legen.
- Ghee in einem Topf erhitzen. Zwiebeln und Ingwer dazugeben und bei mittlerer Hitze 2-3 Minuten anbraten. Die gekochte Zunge und alle restlichen Zutaten hinzufügen. 20 Minuten köcheln lassen. Heiß servieren.

Gebratene Lammbrötchen

für 4 Personen

Zutaten

- 75 g Cheddar-Käse, gerieben
- ½ Teelöffel gemahlener schwarzer Pfeffer
- 1 Teelöffel Ingwerpaste
- 1 Teelöffel Knoblauchpaste
- 3 Eier, geschlagen
- 50 g gehackte Korianderblätter

- 100 g Semmelbrösel
- Salz nach Geschmack
- 675 g Lammfleisch ohne Knochen, in 10 cm große Stücke geschnitten und flach gedrückt
- 4 Esslöffel Butter
- 250 ml/8 Flüssigunzen Wasser

Methode

- Alle Zutaten außer Fleisch, Ghee und Wasser vermischen. Tragen Sie die Mischung auf eine Seite der Fleischstücke auf. Rollen Sie jedes Stück fest zusammen und binden Sie es mit einer Schnur zusammen.
- Das Ghee in einer Pfanne erhitzen. Die Lammröllchen dazugeben und bei mittlerer Hitze goldbraun braten. Fügen Sie das Wasser hinzu. 15 Minuten köcheln lassen und heiß servieren.

Leber-Masala-Braten

für 4 Personen

Zutaten

4 Esslöffel raffiniertes Pflanzenöl

675 g/1½ Pfund Lammleber, in 5 cm/2 Zoll dicke Streifen geschnitten

2 Esslöffel Ingwer, Julienne

15 Knoblauchzehen, fein gehackt

8 grüne Chilischoten, der Länge nach geschnitten

2 Teelöffel gemahlener Kreuzkümmel

1 Teelöffel Kurkuma

125 g Joghurt

1 Teelöffel gemahlener schwarzer Pfeffer

Salz nach Geschmack

50 g gehackte Korianderblätter

Saft von 1 Zitrone

Methode

- Das Öl in einem Topf erhitzen. Die Leberstreifen dazugeben und bei mittlerer Hitze 10-12 Minuten braten.
- Fügen Sie Ingwer, Knoblauch, grüne Chilis, Kreuzkümmel und Kurkuma hinzu. 3-4 Minuten braten. Joghurt, Pfeffer und Salz hinzufügen. 6-7 Minuten anbraten.
- Korianderblätter und Zitronensaft hinzufügen. Bei schwacher Hitze 5-6 Minuten anbraten. Heiß servieren.

Würzige Rinderzunge

für 4 Personen

Zutaten

900 g/2 Pfund Rinderzunge

Salz nach Geschmack

1,5 Liter/2¾ Pints Wasser

2 Teelöffel Kreuzkümmelsamen

12 Knoblauchzehen

5 cm Zimt

4 Nägel

6 getrocknete rote Chilis

8 schwarze Pfefferkörner

6 Esslöffel Malzessig

3 Esslöffel raffiniertes Pflanzenöl

2 große Zwiebeln, fein gehackt

3 Tomaten, fein gehackt

1 Teelöffel Kurkuma

Methode

- Die Zunge mit dem Salz und 1,2 Liter Wasser in einem Topf bei schwacher Hitze 45 Minuten kochen. Schälen Sie die Haut. Die Zungen in Würfel schneiden und beiseite stellen.
- Kreuzkümmel, Knoblauch, Zimt, Nelken, getrocknete rote Chilis und Pfefferkörner mit dem Essig zu einer glatten Paste zermahlen. Beiseite legen.
- Das Öl in einem Topf erhitzen. Die Zwiebeln bei mittlerer Hitze glasig braten. Die gemahlenen Nudeln, die gewürfelte Zunge, die Tomaten, Kurkuma und das restliche Wasser hinzufügen. 20 Minuten köcheln lassen und heiß servieren.

Lamm-Pasanda

(Lammkebab in Joghurtsauce)

für 4 Personen

Zutaten

½ Esslöffel raffiniertes Pflanzenöl

3 große Zwiebeln, der Länge nach geschnitten

¼ kleine unreife Papaya, zerkleinert

200 g Joghurt

2 Teelöffel Garam Masala

Salz nach Geschmack

1 lb/750 g 10 oz Lammfleisch ohne Knochen, in 2 Zoll/5 cm große Stücke geschnitten

Methode

- Das Öl in einem Topf erhitzen. Die Zwiebeln bei schwacher Hitze goldbraun braten.
- Die Zwiebeln abgießen und zermahlen, bis eine Paste entsteht. Mit den anderen Zutaten außer dem Lamm vermischen. Marinieren Sie das Lamm mit dieser Mischung 5 Stunden lang.
- In eine Kuchenform geben und im Ofen bei 180 °C (350 °F, Gas Stufe 4) 30 Minuten backen. Heiß servieren.

Lamm-Apfel-Curry

für 4 Personen

Zutaten

5 Esslöffel raffiniertes Pflanzenöl

4 große Zwiebeln, in Scheiben geschnitten

4 große Tomaten, blanchiert (siehe Kochtechniken)

½ Teelöffel Knoblauchpaste

2 Teelöffel gemahlener Koriander

2 Teelöffel gemahlener Kreuzkümmel

1 Teelöffel Chilipulver

30 g Cashewnüsse, gemahlen

1 lb/750 g 10 oz Lammfleisch ohne Knochen, in 1 Zoll/2,5 cm große Stücke geschnitten

200 g Joghurt

1 Teelöffel gemahlener schwarzer Pfeffer

Salz nach Geschmack

750 ml/1¼ Pints Wasser

4 Äpfel, in 3,5 cm große Stücke geschnitten

120 ml frische Sahne

Methode

- Das Öl in einer Bratpfanne erhitzen. Die Zwiebeln bei schwacher Hitze goldbraun braten.
- Tomaten, Knoblauchpaste, Koriander und Kreuzkümmel hinzufügen. 5 Minuten braten.
- Restliche Zutaten außer Wasser, Äpfel und Sahne hinzufügen. Gut vermischen und 8-10 Minuten anbraten.
- Gießen Sie das Wasser aus. 40 Minuten köcheln lassen. Die Äpfel dazugeben und 10 Minuten rühren. Sahne dazugeben und weitere 5 Minuten rühren. Heiß servieren.

Trockenes Lamm nach Andhra-Art

für 4 Personen

Zutaten

675 g Lammfleisch, gehackt

4 große Zwiebeln, in dünne Scheiben geschnitten

6 Tomaten, fein gehackt

1½ Teelöffel Ingwerpaste

1½ Teelöffel Knoblauchpaste

50 g frische Kokosnuss, gerieben

2½ Esslöffel Garam Masala

½ Teelöffel gemahlener schwarzer Pfeffer

1 Teelöffel Kurkuma

Salz nach Geschmack

500 ml/16 Flüssigunzen Wasser

6 Esslöffel raffiniertes Pflanzenöl

Methode

- Alle Zutaten außer dem Öl vermischen. In einem Topf bei mittlerer Hitze 40 Minuten kochen lassen. Das Fleisch abgießen und die Brühe auffangen.

- Das Öl in einem anderen Topf erhitzen. Das gegarte Fleisch dazugeben und bei mittlerer Hitze 10 Minuten braten. Heiß servieren.

einfaches Rindfleisch-Curry

für 4 Personen

Zutaten

3 Esslöffel raffiniertes Pflanzenöl

2 große Zwiebeln, fein gehackt

750 g/1 lb 10 oz Rindfleisch, in 2,5 cm/1 Zoll große Stücke geschnitten

1 Teelöffel Ingwerpaste

1 Teelöffel Knoblauchpaste

1 Teelöffel Chilipulver

½ Teelöffel Kurkuma

Salz nach Geschmack

10 oz/300 g Joghurt

1,2 Liter/2 Pints Wasser

Methode

- Das Öl in einem Topf erhitzen. Die Zwiebeln bei schwacher Hitze goldbraun braten.
- Restliche Zutaten außer Joghurt und Wasser hinzufügen. 6-7 Minuten braten. Joghurt und Wasser hinzufügen. 40 Minuten köcheln lassen. Heiß servieren.

Meine Güte Korma

(Reichhaltiges Lamm in Sauce)

für 4 Personen

Zutaten

3 Esslöffel Mohn

75 g/2½ oz Cashewnüsse

50 g/1¾oz getrocknete Kokosnuss

3 Esslöffel raffiniertes Pflanzenöl

1 große Zwiebel, in dünne Scheiben geschnitten

2 Esslöffel Ingwerpaste

2 Esslöffel Knoblauchpaste

675 g Lammfleisch ohne Knochen, gewürfelt

200 g Joghurt

10 g gehackte Korianderblätter

10 g Minzblätter, gehackt

½ Teelöffel Garam Masala

Salz nach Geschmack

1 Liter/1¾ Pints Wasser

Methode

- Mohn, Cashewnüsse und Kokosnuss trocken rösten. Mit ausreichend Wasser vermahlen, bis eine dicke Paste entsteht. Beiseite legen.
- Das Öl in einem Topf erhitzen. Zwiebel, Ingwerpaste und Knoblauchpaste bei mittlerer Hitze 1-2 Minuten anbraten.
- Fügen Sie die Mohn-Cashewnuss-Paste und die restlichen Zutaten, außer dem Wasser, hinzu. Gut vermischen und 5-6 Minuten braten.
- Fügen Sie das Wasser hinzu. 40 Minuten köcheln lassen, dabei häufig umrühren. Heiß servieren.

Erachi-Koteletts

(zarte Lammkoteletts)

für 4 Personen

Zutaten

750 g Lammkoteletts

Salz nach Geschmack

1 Teelöffel Kurkuma

1 Liter/1¾ Pints Wasser

2 Esslöffel raffiniertes Pflanzenöl

1 Teelöffel Ingwerpaste

1 Teelöffel Knoblauchpaste

3 große Zwiebeln, in Scheiben geschnitten

5 grüne Chilischoten, der Länge nach geschnitten

2 große Tomaten, fein gehackt

½ Teelöffel gemahlener Koriander

1 Esslöffel gemahlener schwarzer Pfeffer

1 Esslöffel Zitronensaft

2 Esslöffel Korianderblätter, gehackt

Methode

- Die Lammkoteletts mit Salz und Kurkuma 2–3 Stunden marinieren.
- Das Fleisch mit dem Wasser bei schwacher Hitze 40 Minuten garen. Beiseite legen.
- Das Öl in einem Topf erhitzen. Ingwerpaste, Knoblauchpaste, Zwiebeln und grüne Chilis hinzufügen und bei mittlerer Hitze 3-4 Minuten braten.
- Tomaten, gemahlenen Koriander und Pfeffer hinzufügen. Gut mischen. 5-6 Minuten braten. Das Lamm dazugeben und 10 Minuten anbraten.

- Mit Zitronensaft und Korianderblättern garnieren. Heiß servieren.

Gebackenes Hackfleisch

für 4 Personen

Zutaten

3 Esslöffel raffiniertes Pflanzenöl

2 große Zwiebeln, fein gehackt

6 Knoblauchzehen, fein gehackt

600 g Lammfleisch, gehackt

2 Teelöffel gemahlener Kreuzkümmel

125 g Tomatenpüree

600 g Bohnen aus der Dose

500 ml Lammbrühe

½ Teelöffel gemahlener schwarzer Pfeffer

Salz nach Geschmack

Methode

- Das Öl in einem Topf erhitzen. Zwiebeln und Knoblauch hinzufügen. Bei schwacher Hitze 2-3 Minuten braten. Restliche Zutaten hinzufügen. 30 Minuten köcheln lassen.
- In eine Auflaufform geben und im Ofen bei 200 °C (400 °F, Gas Stufe 6) 25 Minuten backen. Heiß servieren.

Kaleji Do Pyaaza

(Leber mit Zwiebeln)

für 4 Personen

Zutaten

4 Esslöffel Butter

3 große Zwiebeln, fein gehackt

2,5 cm Ingwerwurzel, fein gehackt

10 Knoblauchzehen, fein gehackt

4 grüne Chilischoten, der Länge nach geschnitten

1 Teelöffel Kurkuma

3 Tomaten, fein gehackt

750 g Lammleber, gewürfelt

2 Teelöffel Garam Masala

200 g Joghurt

Salz nach Geschmack

250 ml/8 Flüssigunzen Wasser

Methode

- Ghee in einem Topf erhitzen. Zwiebeln, Ingwer, Knoblauch, grüne Chilis und Kurkuma hinzufügen und bei mittlerer Hitze 3-4 Minuten braten. Alle restlichen Zutaten außer Wasser hinzufügen. Gut mischen. 7-8 Minuten braten.
- Fügen Sie das Wasser hinzu. 30 Minuten köcheln lassen, dabei gelegentlich umrühren. Heiß servieren.

Lamm mit Knochen

für 4 Personen

Zutaten

30 g Minzblätter, fein gehackt

3 grüne Chilischoten, fein gehackt

12 Knoblauchzehen, fein gehackt

Saft von 1 Zitrone

675 g Lammkeule, in 4 Stücke geschnitten

5 Esslöffel raffiniertes Pflanzenöl

Salz nach Geschmack

500 ml/16 Flüssigunzen Wasser

1 große Zwiebel, fein gehackt

4 große Kartoffeln, in Würfel geschnitten

5 kleine Auberginen, halbiert

3 Tomaten, fein gehackt

Methode

- Minzblätter, grüne Chilischoten und Knoblauch mit ausreichend Wasser zermahlen, bis eine glatte Paste entsteht. Den Zitronensaft hinzufügen und gut vermischen.
- Das Fleisch mit dieser Mischung 30 Minuten marinieren.
- Das Öl in einem Topf erhitzen. Das marinierte Fleisch hinzufügen und bei schwacher Hitze 8-10 Minuten braten. Salz und Wasser hinzufügen und 30 Minuten köcheln lassen.
- Alle restlichen Zutaten hinzufügen. 15 Minuten köcheln lassen und heiß servieren.

Rinder-Vindaloo

(Goan-Rindfleisch-Curry)

für 4 Personen

Zutaten

3 große Zwiebeln, fein gehackt

5 cm Ingwerwurzel

10 Knoblauchzehen

1 Esslöffel Kreuzkümmelsamen

½ Esslöffel gemahlener Koriander

2 Teelöffel rote Chili

½ Teelöffel Bockshornkleesamen

½ Teelöffel Senfkörner

60 ml Malzessig

Salz nach Geschmack

675 g Rindfleisch ohne Knochen, in 2,5 cm große Stücke geschnitten

3 Esslöffel raffiniertes Pflanzenöl

1 Liter/1¾ Pints Wasser

Methode

- Alle Zutaten außer Fleisch, Öl und Wasser vermischen, bis eine dicke Paste entsteht. Marinieren Sie das Fleisch mit dieser Paste 2 Stunden lang.
- Das Öl in einem Topf erhitzen. Das marinierte Fleisch dazugeben und bei schwacher Hitze 7-8 Minuten anbraten. Fügen Sie das Wasser hinzu. 40 Minuten köcheln lassen, dabei gelegentlich umrühren. Heiß servieren.

Sauerbraten

für 4 Personen

Zutaten

4 Esslöffel raffiniertes Pflanzenöl

3 große Zwiebeln, gerieben

1½ Esslöffel gemahlener Kreuzkümmel

1 Teelöffel Kurkuma

1 Teelöffel Chilipulver

½ Esslöffel gemahlener schwarzer Pfeffer

4 mittelgroße Tomaten, püriert

675 g mageres Rindfleisch, in 2,5 cm große Stücke geschnitten

Salz nach Geschmack

1½ Teelöffel getrocknete Bockshornkleeblätter

250 ml Einzelcreme

Methode

- Das Öl in einem Topf erhitzen. Die Zwiebeln dazugeben und bei mittlerer Hitze goldbraun braten.
- Die restlichen Zutaten außer Bockshornkleeblättern und Sahne hinzufügen.
- Gut vermischen und 40 Minuten köcheln lassen. Bockshornkleeblätter und Sahne hinzufügen. 5 Minuten kochen lassen und heiß servieren.

Lamm mit Kürbis

für 4 Personen

Zutaten

750 g / 1 lb 10 oz Lammfleisch, gehackt

200 g Joghurt

Salz nach Geschmack

2 große Zwiebeln

2,5 cm Ingwerwurzel

7 Knoblauchzehen

5 Esslöffel Butter

¾ Teelöffel Kurkuma

1 Teelöffel Garam Masala

2 Lorbeerblätter

750 ml/1¼ Pints Wasser

400 g gekochter und pürierter Kürbis

Methode

- Das Lamm mit Joghurt und Salz 1 Stunde lang marinieren.
- Zwiebeln, Ingwer und Knoblauch mit ausreichend Wasser zermahlen, bis eine dicke Paste entsteht. Ghee in einem Topf erhitzen. Fügen Sie die Paste zusammen mit Kurkuma hinzu und braten Sie sie 3-4 Minuten lang.
- Garam Masala, Lorbeerblätter und Lamm hinzufügen. 10 Minuten braten.
- Wasser und Kürbis hinzufügen. 40 Minuten köcheln lassen und heiß servieren.

Gushtaba

(Lamm nach Kaschmir-Art)

für 4 Personen

Zutaten

675 g Lamm ohne Knochen

6 schwarze Kardamomkapseln

Salz nach Geschmack

4 Esslöffel Butter

4 große Zwiebeln, in Ringe geschnitten

600 g Joghurt

1 Teelöffel gemahlene Fenchelsamen

1 Esslöffel gemahlener Zimt

1 Esslöffel gemahlene Nelken

1 Esslöffel Minzblätter, zerdrückt

Methode

- Das Lamm mit Kardamom und Salz glatt rühren. In 12 Kugeln teilen und aufbewahren.
- Ghee in einem Topf erhitzen. Die Zwiebeln bei schwacher Hitze goldbraun braten. Den Joghurt dazugeben und 8-10 Minuten unter ständigem Rühren köcheln lassen.
- Fügen Sie die Fleischbällchen und alle restlichen Zutaten außer den Minzblättern hinzu. 40 Minuten köcheln lassen. Mit Minzblättern garniert servieren.

Lammfleisch mit gemischtem Gemüse und Kräutern

für 4 Personen

Zutaten

5 Esslöffel raffiniertes Pflanzenöl

3 große Zwiebeln, fein gehackt

750 g Lammfleisch, gewürfelt

50 g/1¾oz Amaranthblätter*, sehr fein gehackt

100 g Spinatblätter, fein gehackt

50 g Bockshornkleeblätter, gehackt

50 g Dillblätter, fein gehackt

50 g gehackte Korianderblätter

1 Teelöffel Ingwerpaste

1 Teelöffel Knoblauchpaste

3 grüne Chilischoten, fein gehackt

1 Teelöffel Kurkuma

2 Teelöffel gemahlener Koriander

1 Teelöffel gemahlener Kreuzkümmel

Salz nach Geschmack

1 Liter/1¾ Pints Wasser

Methode

- Das Öl in einem Topf erhitzen. Die Zwiebeln bei mittlerer Hitze goldbraun braten. Restliche Zutaten außer Wasser hinzufügen. 12 Minuten anbraten.
- Fügen Sie das Wasser hinzu. 40 Minuten köcheln lassen und heiß servieren.

Zitronenlamm

für 4 Personen

Zutaten

1 lb/750 g 10 oz Lammfleisch, in 1 Zoll/2,5 cm große Stücke geschnitten

2 Tomaten, fein gehackt

4 grüne Chilischoten, fein gehackt

1 Teelöffel Ingwerpaste

1 Teelöffel Knoblauchpaste

2 Teelöffel Garam Masala

125 g Joghurt

500 ml/16 Flüssigunzen Wasser

Salz nach Geschmack

1 Esslöffel raffiniertes Pflanzenöl

10 Schalotten

3 Esslöffel Zitronensaft

Methode

- Das Lammfleisch mit allen restlichen Zutaten außer Öl, Schalotten und Zitronensaft vermischen. In einem Topf bei mittlerer Hitze 45 Minuten kochen lassen. Beiseite legen.

- Das Öl in einem Topf erhitzen. Die Schalotten bei schwacher Hitze 5 Minuten anbraten.
- Mit dem Lammcurry vermischen und den Zitronensaft darüber streuen. Heiß servieren.

Lamm-Pasanda mit Mandeln

(Lammstücke mit Mandeln in Joghurtsauce)

für 4 Personen

Zutaten

- 120 ml raffiniertes Pflanzenöl
- 4 große Zwiebeln, fein gehackt
- 1 lb/750 g 10 oz Lammfleisch ohne Knochen, in 2 Zoll/5 cm große Stücke geschnitten
- 3 Tomaten, fein gehackt
- 1 Teelöffel Ingwerpaste
- 1 Teelöffel Knoblauchpaste
- 2 Teelöffel gemahlener Kreuzkümmel
- 1½ Teelöffel Garam Masala
- Salz nach Geschmack
- 200 g griechischer Joghurt
- 750 ml/1¼ Pints Wasser
- 25 Mandeln, grob zerstoßen

Methode

- Das Öl in einem Topf erhitzen. Die Zwiebeln dazugeben und bei schwacher Hitze 6 Minuten anbraten. Das Lamm dazugeben und 8-10 Minuten braten. Fügen Sie die restlichen Zutaten außer Joghurt, Wasser und Mandeln hinzu. 5-6 Minuten anbraten.
- Joghurt, Wasser und die Hälfte der Mandeln hinzufügen. 40 Minuten köcheln lassen, dabei häufig umrühren. Mit den restlichen Mandeln bestreut servieren.

Mit Chili gebratene Schweinswurst

für 4 Personen

Zutaten

2 Esslöffel Öl

1 große Zwiebel, in Scheiben geschnitten

400 g Schweinswürste

1 grüne Paprika, julieniert

1 Kartoffel, gekocht und gehackt

½ Teelöffel Ingwerpaste

½ Teelöffel Knoblauchpaste

½ Teelöffel Chilipulver

¼ Teelöffel Kurkuma

10 g gehackte Korianderblätter

Salz nach Geschmack

4 Esslöffel Wasser

Methode

- Das Öl in einem Topf erhitzen. Die Zwiebel dazugeben und eine Minute anbraten. Reduzieren Sie die Hitze und fügen Sie alle anderen Zutaten außer dem Wasser hinzu. 10–15 Minuten leicht braten, bis die Würste gar sind.
- Das Wasser hinzufügen und bei schwacher Hitze 5 Minuten kochen lassen. Heiß servieren.

Shah Jahan Lamm

(Lammfleisch gekocht in reichhaltiger Moghlai-Sauce)

für 4 Personen

Zutaten

5-6 Esslöffel Butter

4 große Zwiebeln, in Scheiben geschnitten

675 g Lammfleisch, gehackt

1 Liter/1¾ Pints Wasser

Salz nach Geschmack

8-10 Mandeln, zerstoßen

Für die Gewürzmischung:

8 Knoblauchzehen

2,5 cm Ingwerwurzel

2 Teelöffel Mohn

50 g gehackte Korianderblätter

5 cm Zimt

4 Nägel

Methode

- Mahlen Sie die Zutaten der Gewürzmischung, bis eine Paste entsteht. Beiseite legen.
- Ghee in einem Topf erhitzen. Die Zwiebeln bei schwacher Hitze goldbraun braten.
- Fügen Sie die Gewürzmischungspaste hinzu. 5-6 Minuten braten. Das Lamm dazugeben und 18–20 Minuten anbraten. Wasser und Salz hinzufügen. 30 Minuten köcheln lassen.
- Mit Mandeln dekorieren und heiß servieren.

www.ingramcontent.com/pod-product-compliance
Lightning Source LLC
Chambersburg PA
CBHW070355120526
44590CB00014B/1141